L'ADO
(ET LE BONOBO)

Natalie Levisalles

L'ADO (ET LE BONOBO)

Essai sur un âge impossible

hachette
LITTÉRATURES

ISBN : 978-2-01-237389-1

Pour Samuel, ce post-adolescent

INTRODUCTION

Il a tendance à se coucher et à se lever (très) tard, à s'effondrer dans tout ce qui ressemble à un fauteuil, à abuser des substances interdites, à vouloir un scooter, tout de suite, à se déplacer en bande et à passer sans cause apparente de l'apathie à l'euphorie ou à la mauvaise humeur. Vous l'avez reconnu, c'est un jeune être humain en phase aiguë d'adolescence.

Parce que l'adolescent est un défi à l'entendement et à la patience des adultes, des milliers de pages ont été écrites sur sa psychologie, sa sociologie, ses problèmes et comment les résoudre. Vous ne trouverez rien de tout cela dans ce livre. Vous y trouverez d'autres choses.

L'adolescence est facile à identifier. Elle est moins facile à définir. On dit généralement que, à la différence de la puberté – un événement physiologique qui marque la maturité sexuelle et est universel –, l'adolescence est une invention de la société occidentale du XIXe siècle. Mais est-ce qu'elle ne serait pas, elle aussi, un universel de la nature humaine, présent en tout lieu et en tout temps, existant depuis que l'homme existe ?

Si c'était vrai, cela voudrait dire que les adolescents ne sont pas seulement un produit dérivé de la société occidentale contemporaine, mais qu'on les trouve aussi, avec tous leurs symptômes – le sommeil, les états d'âme et le reste –, dans la forêt amazonienne et chez les Inuits, qu'ils étaient déjà là, tels qu'en eux-mêmes, au temps des pharaons et de Cro-Magnon.

Un Cro-Magnon junior, affalé à l'ombre d'un dolmen, pendant que toute la tribu vaque à ses activités, vraiment ?

La question est d'autant plus importante que jamais, dans l'histoire de l'humanité, les garçons et les filles n'ont atteint si tôt la maturité sexuelle. Et jamais, ils ne sont entrés aussi tard dans le monde des adultes. Cela signifie que l'adolescence n'a jamais duré aussi longtemps. Elle s'étend maintenant sur une bonne dizaine d'années, un sacré bouleversement. Surtout quand on réalise qu'il y a aujourd'hui dans le monde plus de 1,5 milliard de jeunes entre 10 et 25 ans, un quart des habitants de la Terre.

Il y a quatre siècles, dans *Le Conte d'hiver*, Shakespeare faisait parler un vieux berger : « Je voudrais qu'il n'y eût point d'âge entre dix et vingt-trois ans, ou que la jeunesse dormît tout le reste du temps dans l'intervalle : car on ne fait autre chose dans l'intervalle que donner des enfants aux filles, insulter des vieillards, piller et se battre. Écoutez

CHAPITRE 1

Jet lag

Tout au fond de la classe, à l'abri de plusieurs rangées de chaises et de dos, elle a posé le front sur son bras replié, ça fait bien vingt minutes qu'elle dort profondément. C'est sa petite sieste du lundi matin.

D'abord on ne fait pas vraiment attention, ensuite on ne fait pas vraiment le rapport. Et puis, on trouve une série d'explications parfaitement rationnelles : trop de sorties trop tardives, trop de jeux vidéo, trop de musique à fond dans les écouteurs jusqu'au milieu de la nuit, trop de psychotropes fumables, trop de paresse congénitale, allez savoir. En fait, le tableau est simple : assez brutalement, de manière tout à fait spectaculaire, un enfant joyeux qui se levait plein d'énergie à 7 heures du matin, y compris en vacances, s'est transformé en un zombie parfaitement capable d'hiberner jusqu'à 2 heures de l'après-midi et tout aussi parfaitement incapable de s'endormir avant 1 heure du matin, y compris en période scolaire.

Une fois passée la perplexité initiale (l'enchaînement jeux vidéo/paresse congénitale/où est-ce que j'ai bien pu me tromper ?), une rapide enquête suffit à montrer que le syndrome est universel. Bien sûr, il y a des différences individuelles, les symptômes sont de gravité variable, certains réussissent à se lever spontanément à 11 heures du matin au lieu de 2 heures de l'après-midi mais inutile de maintenir le suspense : de même que les seins qui poussent et la voix qui mue, le bouleversement du sommeil est une transformation inhérente à l'adolescence. Et elle n'a rien à voir avec un abus d'appareils électroniques ou une faiblesse de caractère transmise par un des parents (et lequel ?). Ou en tout cas, pas seulement.

Au départ, l'être humain est un nourrisson qui fait largement ses seize heures de sommeil, mais de manière décousue, fragmentée ; petit à petit, il laisse place à un enfant qui dort de moins en moins de temps, mais de plus en plus régulièrement, qui se couche sans faire de drame, une histoire, un bisou et hop au lit, puis à un collégien couché à 9 heures sans discuter. Et voilà qu'on se retrouve face à un adolescent d'environ 13 ans, incapable de s'endormir avant 23 heures, au mieux, et qui ne s'extrait de son lit le matin que contraint et forcé, et dans l'état de fraîcheur d'un voyageur qui vient de faire Paris-Tokyo en classe économique.

En fait, c'est exactement de cela qu'il s'agit. Un adolescent est un être humain en état de décalage horaire chronique, auquel s'ajoute le plus souvent une sérieuse privation de sommeil, et c'est rarement une vision charmante. Bien sûr, nous avons tous en tête ces représentations artistiques de Cupidon et de nymphes endormis, de marmitons assoupis la cuillère à la main ou d'habitants du château de la Belle au bois dormant plongés dans un paisible sommeil, mais ces images gracieuses n'existent que par la magie de la sublimation artistique. En règle générale, et c'est un mystère de la nature humaine, autant un bébé endormi suscite un attendrissement universel, autant un adolescent endormi aurait plutôt tendance à susciter l'exaspération ou le découragement, voire la réprobation morale. Remarquons en passant : si le reste de l'humanité peut observer le sommeil de l'adolescent comme celui du bébé, c'est que l'un comme l'autre a tendance à dormir quand les autres sont éveillés. C'est bien la raison pour laquelle ce livre s'ouvre sur les adolescents endormis. L'autre raison vous sera révélée à la fin de ce chapitre.

Comme le nourrisson donc, l'adolescent a tendance à dormir quand les autres sont éveillés. Pour que le tableau soit bien clair, rappelons les signes qu'aura repérés quiconque fréquente des garçons et filles de plus de 13 ans. L'adolescent se couche à point d'heure, 11 heures, minuit, plus tard parfois, on l'a déjà dit, et il a, assez logiquement, des levers matinaux extrêmement pénibles. D'où ces garçons qu'il faut extraire du lit à la grue et ces filles qui résistent à des sonneries qui ont réveillé un demi-pâté de maisons. Et d'où ces zombies au visage chiffonné et au regard absent qui se traînent une bonne partie de la journée, et qui font la sieste à la moindre occasion favorable, voyage en car, sortie au théâtre ou cours de maths. Il faut généralement attendre 3 ou 4 heures de l'après-midi pour les voir réellement éveillés et pleins d'une énergie retrouvée. Et si, pendant les week-ends ou les vacances scolaires, on les a laissés se réveiller tout seuls, on constate qu'ils se lèvent rarement avant midi, 1 heure, 2 heures, voire pire.

Le sommeil du jeune Cro-Magnon

À ce stade, c'est assez clair. Face à un garçon ou une fille qui montre la bonne humeur, la joie de vivre et le teint frais du type qui vient de passer une nuit à travailler à la chaîne ou qui reste scotché à son oreiller parce qu'il a refusé de se coucher à une heure normale, il est vain (et faux) de penser que c'est là une manifestation de sa mauvaise volonté. De même qu'il est inutile de se flageller en pensant qu'on a raté une éducation ou qu'on n'a pas su trouver les bons arguments pour lui faire entendre raison et le convaincre de se coucher (et donc se lever) à des heures civilisées. Chaque lecteur (qu'il soit adolescent ou post-adolescent) l'aura compris : ce garçon ou cette fille qui vit en décalage horaire chronique n'est pas un Martien isolé qui se trouve malheureusement habiter le même logement que des Terriens calés sur un autre fuseau horaire. Il s'agit là d'un syndrome qui touche non seulement le Martien, et les copains du Martien, mais aussi toute la société occidentale, et sans doute bien au-delà, et sans doute depuis bien longtemps. Imaginez un groupe de chasseurs-cueilleurs du Paléolithique supérieur en train de quitter le campement. Le soleil est levé depuis un moment. Tout le monde s'active, les femmes éteignent le feu, les hommes rassemblent leurs armes, les enfants courent après les chiens et, à l'entrée de la grotte, endormi sous sa peau de bête, le jeune Cro-Magnon ronfle, avec deux ou trois copains, comme d'habitude. Fin du flash-back. Si vraiment cela s'est toujours passé de cette manière-là, comment se fait-il, demanderez-vous légitimement, qu'on s'en aperçoive seulement maintenant ? Patience.

Commençons par réunir ce que l'on sait des besoins de sommeil de l'être humain. Étrangement, quand on parle de l'évolution du sommeil au cours de la vie, on a tendance à parler de l'enfant, de l'adulte et de la personne âgée, rarement de l'adolescent. Et pourtant, un nombre impressionnant de données a été rassemblé ces dernières années.

À la naissance, le nouveau-né a besoin de ses seize heures de sommeil, à 6 mois, il lui en faut douze, et un enfant de moins de 5 ans a encore besoin de onze heures, dont une partie, parfois, lors d'une sieste de l'après-midi. Quand l'enfant atteint l'âge de 10 ans, neuf heures lui suffisent habituellement. Pour ce qui est des adultes, on évalue les besoins de sommeil à sept ou huit heures, sachant que, d'une personne à l'autre, il y a de grandes différences qui sont largement génétiques.

On peut être petit ou gros dormeur, avoir besoin de cinq ou de neuf heures de sommeil, on est aussi couche-tôt ou couche-tard. Il y a des gens qui ont sommeil tôt, qui se réveillent tôt et qui se sentent au mieux de leur forme physique et intellectuelle le matin. Et d'autres au contraire qui ne sont jamais plus vifs qu'en fin de journée. Enfin, avec l'âge, après 65 ans, on a souvent un peu moins besoin de sommeil, mais surtout, on a souvent ce qu'on appelle une « avance de phase ». Les gens très âgés ont tendance à avoir sommeil plus tôt, vers 20 heures par exemple, et donc à se réveiller vers 4 heures du matin, leur nuit terminée.

Mais revenons à nos jeunes gens. Depuis une dizaine d'années, on s'aperçoit dans le monde entier que leur sommeil est plus léger (moins de sommeil lent profond, plus de sommeil lent léger), que le début de leurs nuits est plus instable, qu'ils ont des difficultés d'endormissement. Mais surtout, ils ont tendance à se coucher et se lever plus tard : à l'inverse des plus vieux, les jeunes ont un « retard de phase ». Ces enquêtes montrent aussi qu'ils ont besoin d'au moins autant de sommeil que les enfants, neuf heures et quinze minutes en moyenne. On comprend tout de suite le problème : pendant l'année scolaire, ces adolescents sont obligés de se lever tôt en semaine, quelle que soit l'heure à laquelle ils se sont endormis. Le résultat est qu'à peine un adolescent sur cinq a son compte de sommeil. La plupart dorment souvent moins de sept heures par nuit, 25 % d'entre eux six heures et demie ou moins. Ce qui veut dire qu'ils accumulent une énorme dette de sommeil au cours de la semaine. Plus grave encore : il leur manque la dernière partie du sommeil, celle qui est la plus riche en sommeil paradoxal, le sommeil du rêve, dont on dit (sans en être totalement sûr) qu'il est le plus important pour la mémorisation et l'apprentissage.

Conséquences inévitables : somnolence pendant la journée et réapparition de la sieste spontanée qui avait disparu depuis la fin de la maternelle. Près d'un quart des 15/18 ans feraient la sieste... même quand ils ont dormi autant qu'ils le voulaient. Pour compenser le manque accumulé pendant la semaine, la tendance est de faire des orgies de sommeil pendant le week-end et de se laisser dériver pendant les vacances d'été. À la fin d'un été où on s'est couché à 3 heures du matin pendant deux mois, il est quasi impossible d'aller se coucher à 22 heures : le corps (les sécrétions hormonales, la température...) s'est totalement adapté à ce coucher très tardif. Et si on réussit malgré tout à se coucher relativement « tôt », vers minuit ou 1 heure, cela reste très difficile de se lever à 6 ou 7 heures pour aller en classe. Et juste quand, au bout de cinq jours, le corps commence à s'adapter, voilà que le week-end arrive, on recommence à se coucher tard et, le dimanche soir, le corps a repris les habitudes de vacances. Bref, c'est une épuisante course contre la montre.

Les Maoris aussi se couchent très tard

Ces dernières années, on l'a dit, c'est comme si le monde entier avait tout à coup pris conscience de ces bizarreries du sommeil post-pubertaire, comme si la société ouvrait les yeux sur une épidémie mondiale d'adolescents en décalage horaire.

Des enquêtes ont été lancées un peu partout. Certaines ont comparé les heures de début des cours. En Grande-Bretagne et en Australie, le lycée commence vers 9 heures, en Europe de l'Ouest vers 8 heures, mais aux États-Unis, c'est souvent entre 7 heures et 7 h 20. En Nouvelle-Zélande, 21 % des lycéens disent ne pas dormir assez, et c'est le cas aussi bien pour ceux d'origine maorie que pour ceux d'origine européenne. La tendance est plus accentuée chez les filles et chez les plus vieux qui se couchent plus tard et dorment moins. Malgré tout, ils sont quand même moins en manque que les Français ou les Américains, puisqu'ils dorment en moyenne huit heures quarante minutes en semaine et neuf heures vingt minutes le week-end. On pourrait continuer longtemps : Norvège, Afrique du Sud, Islande, Corée du Sud, Finlande, Australie… dans tous les pays, on relève les mêmes tendances. Et en France ?

En France aussi, bien sûr. Une étude Sofres réalisée en 2005 s'est penchée sur la somnolence chez les filles et les garçons de 15 à 19 ans. Là encore, les résultats sont impressionnants : 55 % des adolescents se disent somnolents au moins une fois par semaine, 24 % le sont tous les jours au réveil, 10 % le sont dans la journée et 30 % ont une tendance à s'endormir pendant la journée. Rien d'étonnant si 70 % disent avoir une dette de sommeil. Alors que, rappelons-le, le besoin de sommeil est estimé à 9 heures, en semaine, ils dorment en moyenne 7,45 heures, et 9,10 heures le week-end. Le coucher se fait – ces chiffres bizarres sont des moyennes – à 22 h 43 en semaine et 0 h 18 le week-end. Et le lever à 6 h 46 en semaine et 10 h 21 le week-end. Mais on voit parfois des décalages bien plus importants : endormissement vers 3 ou 4 heures du matin et réveil en début d'après-midi, ce qui a forcément pour conséquence un sérieux absentéisme scolaire. Sans compter que 37 % (dont une majorité de filles) ont des insomnies et 34 % des problèmes de stress, d'anxiété ou de déprime.

Interrogés sur la manière dont ils passaient leurs soirées après 20 heures, 96 % de ces jeunes Français ont dit regarder la télévision ou un DVD, 7,40 heures par semaine. 58 % allaient sur Internet 5,38 heures par semaine, et 48 % jouaient à des jeux vidéo, 4 heures par semaine. (On note, sans surprise, que les filles sont cinq fois moins nombreuses devant les jeux vidéo.)

Cela dit, de manière peut-être inattendue, l'enquête montre que les adolescents somnolents ne se couchent pas plus tard, ne jouent pas plus aux jeux vidéo, ne regardent pas plus la télévision ou ne vont pas plus sur Internet entre 20 heures et 8 heures que les autres. En revanche, ils disent manquer davantage de sommeil :

1,30 heure au lieu de 1,10 heure. Par ailleurs, et cela semble énorme, 1 sur 10 prend des médicaments contre le stress ou pour dormir, surtout les filles encore une fois. Des filles qui récupèrent moins longtemps le week-end, qui sont plus nombreuses à ressentir stress, déprime et anxiété et, on l'a dit, à avoir des insomnies.

L'enquête a aussi comparé les 15/17 ans aux 18/19 ans. Les plus âgés dorment moins en semaine, se couchent plus tard, le week-end comme en semaine, ils se lèvent plus tard le week-end, font plus la sieste, ont plus d'absentéisme scolaire, boivent plus de boissons stimulantes (thé, café, Coca) et regardent plus la télévision entre 20 et 8 heures.

Une affaire de mélatonine ?

L'affaire est entendue, le sommeil des adolescents a lui aussi été victime de la globalisation, la planète entière a vu apparaître une génération de zombies qui va de la maison à l'école et de l'école au terrain de sport dans un état quasi permanent de privation de sommeil à cause d'une inadéquation entre les demandes de la société et les changements du sommeil après la puberté. À partir de là, on ne peut que se poser des questions : Pourquoi ce changement dans le régime de sommeil des adolescents ? Pourquoi à ce moment-là ? Et que se passe-t-il précisément ?

Pour essayer d'y voir un peu clair, Mary Carskadon, une spécialiste du sommeil de Brown University aux

États-Unis, a enregistré le rythme veille/sommeil des adolescents pendant vingt-quatre heures, comme on le fait pour les malades qui ont des troubles du sommeil. En examinant cet enregistrement, un électro-encéphalogramme (EEG), elle a vu que la moitié de ces jeunes gens avaient des symptômes de narcolepsie, un trouble du sommeil où les malades s'endorment dès qu'ils sont assis, à table, en voiture ou à un bureau. Par ailleurs, normalement, quelqu'un qui s'endort débute par une phase de sommeil lent avant de passer, au bout d'environ une heure, en sommeil paradoxal, le sommeil du rêve. Or, le matin, les jeunes gens testés passaient immédiatement en sommeil paradoxal, comme les malades atteints de narcolepsie. L'enregistrement a montré que les jeunes étaient somnolents en début et en milieu de matinée, et à nouveau en début d'après-midi, pour se sentir de plus en plus éveillés, jusqu'à minuit ou 2 heures du matin. Avec les conséquences que l'on imagine sur l'humeur (on se sent toujours déprimé après deux ou trois nuits trop courtes) et l'apprentissage.

Comme toutes les autres études, celle-ci a montré que les lycéens compensaient le manque de la semaine par une boulimie de sommeil le week-end, ce qui, explique Mary Carskadon, est à la fois bon et mauvais. C'est bon parce que cela réduit la dette de sommeil. C'est mauvais parce que le message envoyé au corps et au cerveau dit : « Le moment où on dort, c'est entre 2 heures du matin et 2 heures de l'après-midi. » Ce qui ne fait qu'aggraver la dérive de l'alternance veille/sommeil. On en arrive donc à la question fondamentale : d'où vient cette dérive, d'où sort ce *jet lag* adolescent ? Autrement dit : qu'est-ce qui se passe normalement dans le cerveau et dans le corps ? Et qu'est-ce qui se passe de particulier à la puberté ?

Pour résumer ce que les médecins et les biologistes savent depuis maintenant longtemps, le corps humain fonctionne sur une alternance veille/sommeil grâce à une horloge interne dont le mécanisme est centralisé dans une petite zone du cerveau, le noyau suprachiasmatique (NSC). Le NCS est un paquet de 10 000 neurones, de la taille d'un petit pois, situé dans l'hypothalamus, à la base du cerveau. Il est sensible à la lumière et à la mélatonine sécrétée dans le cerveau, il peut aussi être modifié par le stress ou des facteurs environnementaux ou sociaux. C'est lui qui active l'horloge interne de notre corps et la cale sur un rythme d'environ vingt-quatre heures qu'on appelle « rythme circadien ». Cette horloge synchronise aussi les variations hormonales et toute une série de paramètres physiologiques, la température du corps par exemple.

Depuis des dizaines d'années, une quantité impressionnante de recherches a été faite, et pourtant on ne sait pas encore précisément comment s'organise l'alternance veille/sommeil. On sait en revanche qu'il y a un mécanisme chargé de déclencher le sommeil et un autre chargé de déclencher l'éveil et de caler le tout sur l'alternance jour/nuit. Normalement, un adulte est éveillé pendant seize heures, qui correspondent en gros aux heures de jour. Il est endormi pendant huit heures, qui correspondent aux heures de nuit. Par ailleurs, c'est une évidence que chacun a ressentie, plus on est resté éveillé longtemps, et plus on a sommeil. Mais, comme chacun l'a également expérimenté, ce n'est qu'en partie vrai. Notamment, douze heures après le réveil, la plupart d'entre nous se sentent plus éveillés que plus tôt dans la journée. C'est qu'il existe un système qui nous tient éveillés, même quand on est fatigué. Enfin, à la tombée de la nuit, le NSC envoie à la glande pinéale située à la base du cerveau un signal lui commandant de sécréter la mélatonine, sécrétion qui fera venir le sommeil une ou deux heures plus tard.

À l'adolescence, tout change, assez brutalement ; ce système est modifié de trois manières. D'abord, il semble que la « pression de sommeil » s'accumule plus lentement chez les adolescents que chez les préadolescents, ce qui leur permet de rester éveillés plus longtemps sans ressentir le besoin de dormir. Ensuite, on voit un retard d'une heure au moins (peut-être deux ou trois) dans le déclenchement de la sécrétion de mélatonine. À l'adolescence, l'élévation de la mélatonine se fait vers 23 heures, ce qui veut dire que le sommeil arrive une ou deux heures plus tard.

Tout cela ne signifie pas que les changements physiologiques *obligent* les adolescents à se coucher plus tard, mais cela *augmente la probabilité* qu'ils se couchent plus tard s'ils en ont l'occasion. Au fur et à mesure que le temps passe, c'est comme si l'adolescent s'éloignait de sa famille, comme s'il traversait plusieurs fuseaux horaires en partant vers l'ouest. Et, on le sait, le corps s'ajuste plus facilement à un décalage horaire vers l'ouest que vers l'est. Si on laisse trop filer, il est difficile ensuite de revenir en arrière. Enfin, il semble que le besoin de sommeil qui avait régulièrement diminué depuis la naissance augmente à nouveau entre le début et le milieu de la puberté. Tous ces changements entrent en collision au moment du coucher, une collision qui est encore accentuée par le mode de vie contemporain.

Il y a quatre-vingts ans, un adolescent qui vivait à la campagne sans électricité et qui avait l'habitude de se lever à l'aube pour travailler dans les champs vivait bien sûr les changements physiologiques de la puberté, mais ces changements pouvaient n'avoir que très peu d'effets sur son comportement. Quand on est allongé dans le noir après un effort physique intensif et prolongé, ou quand on lit un livre à la chandelle ou à la lumière d'une lampe de chevet, la sensation de sommeil l'emporte facilement sur les modifications de la puberté.

Aujourd'hui tout est différent. Au lieu d'être compensés, les effets du décalage physiologique sont amplifiés par le mode de vie et l'environnement. L'exposition toute la soirée à des lumières artificielles très fortes (télévision, ordinateur), l'accès à des activités très stimulantes (films d'aventures, de sexe, de violence, jeux vidéo, sites Internet, tchat, téléphone portable...) font pencher la balance de l'autre côté. Même si un adolescent a physiologiquement sommeil, il peut ne pas prêter attention à sa fatigue. Parce qu'il regarde la télévision ou un DVD ou un site Web excitant, parce qu'il parle à des amis sur son portable, ou qu'il tchate sur Internet, ou qu'il écoute de la musique, ou, probablement, parce qu'il fait tout ça à la fois.

Ce qui est certain, c'est qu'à la puberté, l'horloge biologique se décale et crée une zone de sommeil impossible entre 21 et 22, voire 23 heures ou minuit. Ce qui est certain, c'est que les garçons et les filles ne peuvent pas faire autrement. Que les raisons de ce bouleversement du sommeil soient hormonales, neurologiques, psychologiques ou sociales, le résultat indéniable est qu'à 7 h 15 le lundi matin, quand son réveil sonne, un lycéen a toutes les chances de se sentir comme s'il était réveillé en pleine nuit, au moins deux heures avant que son corps soit prêt à le faire.

Et, comme l'a montré une quantité innombrable d'études sur le travail de nuit, on sait à quel point le non-respect du sommeil naturel use le corps et l'esprit. On sait à quel point le manque de sommeil peut provoquer irritabilité, problèmes d'attention, d'anxiété, de dépression et même d'obésité. Sans compter les accidents. En France, peu de lycéens prennent leur voiture pour aller en classe. Ils sont beaucoup plus nombreux aux États-Unis et en Australie où une grande partie des accidents de voiture chez les jeunes est due non seulement à la consommation d'alcool ou de cannabis, mais aussi au manque de sommeil. Aux États-Unis, la moitié des automobilistes qui meurent parce qu'ils se sont endormis au volant sont des jeunes de 16 à 25 ans.

Des profs qui n'ont jamais vu les élèves dans leur état normal

Après cela, on ose à peine mentionner les performances scolaires. Une étude canadienne a montré que les résultats des tests de QI étaient plus bas de 6 ou 7 points quand ils étaient passés à un moment où les élèves étaient moins éveillés, ce qui n'est pas absolument surprenant. Mais cela ne fait que mettre le doigt sur une évidence assez embarrassante : une bonne partie des adolescents sont très au-dessous de leurs possibilités le matin, et nombre de profs n'ont sans doute jamais vu certains élèves dans leur état normal !

Tout cela est très ennuyeux, voire inquiétant, mais que faire ? Face à cet état des lieux, on comprend qu'on a affaire à une génération entière de jeunes gens soumis à une double contrainte. D'un côté, on ne peut changer l'heure de déclenchement de la mélatonine. De l'autre, on ne peut changer l'heure de début des cours. Est-ce que cela signifie que les adolescents sont piégés et obligés de subir jusqu'à ce que leur horloge se recale sur le fuseau horaire du reste de la société ? Ou y a-t-il quelque chose à faire ? En fait, on peut aménager, ruser. Il y a une marge de manœuvre, étroite, mais réelle. Pour commencer, on peut éviter d'aggraver la dérive du sommeil en faisant appel au bon sens. On peut éviter les excitants (café, Coca...) en fin d'après-midi. On peut éviter de faire du sport le soir et de prendre des bains chauds qui, contrairement à leur réputation, ne facilitent pas l'endormissement. On peut éviter de faire son travail scolaire trop tard (eh oui !) et bien sûr éviter les jeux vidéo, la télévision, le tchat et tout ce qui y ressemble, non seulement à cause de l'excitation qu'ils procurent, mais aussi parce que le face-à-face avec l'écran expose la rétine à une quantité de lumière supplémentaire.

À l'inverse, le matin, il est bon de prendre une douche (chaude), de marcher pour aller en classe et, bien sûr, sachant que c'est la lumière vive qui indique au corps qu'il est l'heure de se lever, il faut, dès le réveil, ouvrir les rideaux et allumer la lumière. En fait, il faut essayer d'influencer l'horloge interne en lui donnant beaucoup de lumière le matin et le moins possible le soir. Si on est somnolent dans la journée, on peut aussi essayer de faire des choses qui empêchent de dormir, pour avoir plus sommeil le soir. Et pour récupérer, au lieu de dormir jusqu'à 2 heures de l'après-midi le week-end, ce qui va rendre encore plus infernal le lever du lundi matin, il vaut mieux se lever avant midi, même le dimanche, quitte à faire une courte sieste en rentrant de l'école. Et puis, surtout, essayer de dormir avant 1 heure du matin en semaine.

D'accord, on a dit que c'étaient des conseils de bon sens, pas que ça faisait envie ni que c'était facile à suivre. D'autant plus que, lorsque les lycéens partent en classe, il fait souvent encore nuit en hiver. Pour peu que les salles de classe soient un peu sombres, ils ne voient pas la lumière du jour avant la fin de l'après-midi, puis restent dans des chambres éclairées jusque tard dans la nuit. Sans parler des mois de début d'été où il fait encore grand jour à 10 heures du soir.

La couleur bleue du réveil

Pour avoir une idée des quantités de lumières reçues par la rétine, il faut savoir qu'une chambre bien éclairée a une lumière de 400 lux, qu'en extérieur, on reçoit 10 000 lux par une journée grise et 100 000 lux par une journée ensoleillée. Voilà pour la quantité de lumière, il y a aussi sa qualité, ou sa couleur. Les biologistes savent depuis longtemps que la rétine de l'œil contient des cellules sensibles à la lumière qui sont reliées au NSC. Mais, récemment, des chercheurs britanniques d'Imperial College à Londres ont découvert que ses cellules contenaient un pigment, la mélanopsine, qui est particulièrement sensible à la partie bleue du spectre lumineux, celle qui correspond à la couleur du ciel par une belle journée. Partant de là, des Américains ont suggéré de tenter quelque chose pour les ados mal réveillés. Pourquoi ne pas les exposer, dès leur arrivée à l'école, à des boîtes de lumière bleue pendant quelques minutes ? D'autres ont proposé de leur faire prendre de la mélatonine le matin, comme le font les voyageurs qui veulent éviter le décalage horaire.

En face, il y a une autre tendance, celle qui pense que, au lieu d'essayer d'adapter les adolescents à l'école, on serait mieux inspiré d'adapter l'école aux adolescents en repoussant le début des cours d'une, deux ou trois heures. Certaines écoles du Minnesota ont déjà repoussé d'une heure le début des cours : elles ouvrent désormais à 8 heures au lieu de 7. Cela reste très tôt. Certains pédagogues américains pensent que les cours de lycée ne devraient pas commencer avant 11 heures ! Plus sérieusement, en France, un rapport de l'Inserm (Institut national supérieur de la recherche médicale) présenté en 2001 avait proposé de repousser le début des cours à 9 heures, de programmer les cours difficiles en fin de matinée et en fin d'après-midi, et les activités plus ludiques et le sport en début de matinée ou d'après-midi. Autant qu'on le sache, ça n'a pas été sérieusement envisagé par l'Éducation nationale.

Résumons. On connaît désormais la responsabilité du noyau supra-chiasmatique dans le *jet lag* post-pubertaire. Reste cette nouvelle version de la question de l'œuf et la poule : « Est-ce que les adolescents se couchent tard parce qu'ils vont en boîte ou est-ce qu'ils vont en boîte parce qu'ils se couchent tard ? » Question qu'on pourrait reformuler ainsi : « Pourquoi les adolescents ont-ils un sommeil tellement particulier ? » Si on réfléchit en termes d'évolution et qu'on pense que chaque fonction de l'organisme, chaque étape de la croissance, a une raison d'être, pourquoi donc la vie a-t-elle inventé le sommeil adolescent ?

On peut imaginer que, si les humains ont une longue adolescence, c'est pour que le cerveau ait le temps d'intégrer des données plus complexes que dans n'importe quelle autre espèce. Comme le sommeil est essentiel pour le développement du cerveau et du corps, il est important de dormir à cette période. On peut aussi imaginer que, dans la préhistoire humaine, il a été important pour la survie du groupe que les adolescents, devenus forts et efficaces, restent éveillés plus longtemps, pour donner l'alerte et aider à défendre le clan quand les adultes et les enfants dorment. Honnêtement, aucune de ces hypothèses n'est totalement convaincante. Un certain nombre de biologistes pensent d'ailleurs que ces changements sont juste des effets secondaires des bouleversements hormonaux et neurologiques de la puberté. Des effets largement aggravés par la pression sociale, l'anxiété, le besoin d'activité hors du groupe familial et hors de l'école et bien sûr l'accès – totalement inédit dans l'histoire de l'humanité – à des technologies qui permettent d'interagir avec des humains et des écrans sans aucune limite spatiale ni temporelle.

Il est sûr que les conditions d'endormissement et de réveil ne sont pas les mêmes pour un lycéen de la banlieue parisienne, un jeune montagnard de Nouvelle-Guinée et une petite paysanne du Rwanda. Il y a toutes les chances que les deux derniers aillent à l'école à pied (s'ils vont à l'école), qu'ils se lèvent avec la lumière du jour et se couchent peu après la tombée de la nuit, ce qui laisse assez peu d'occasions de passer des heures devant un écran allumé.

Cela dit, il est intéressant de se demander si ce *jet lag* adolescent existe aussi chez nos cousins les primates. En fait, il semblerait que oui, qu'il ait été repéré, à un moindre degré, chez les grands singes, nos plus proches cousins, mais aussi chez les macaques. Chez eux, en plus de la puberté (c'est-à-dire le début de la fertilité et le développement des caractères sexuels secondaires), il semblerait qu'il y ait une forme d'adolescence, marquée par une poussée de croissance osseuse... et une modification du sommeil. Chez le singe rhésus, des chercheurs californiens ont observé le sommeil de femelles adolescentes âgées de 18 à 45 mois (l'équivalent de 10 à 17 ans chez les humains) en comparant l'heure du coucher avec l'heure solaire. Ils ont constaté un décalage d'une heure trente en dix-huit mois. Ce qui permet de penser que le *jet lag* adolescent, même s'il est aggravé par le contexte social actuel, est une donnée biologique qui concerne non seulement l'homme moderne, mais sans doute aussi quelques ancêtres ou cousins comme Néandertal, les singes ou les jeunes contemporains de Ramsès II.

Vous n'êtes pas encore totalement convaincus de l'enracinement biologique du *jet lag* adolescent ? Voilà ce qui pourrait en être la preuve absolue. Une enquête faite en Allemagne, par Till Roenneberg de l'université de Munich, sur 25 000 personnes âgées de 8 à 90 ans, l'a très nettement montré : alors que le retard de phase est de plus en plus marqué à partir de 13 ans et dans les années qui suivent, on voit un changement abrupt autour de 20 ans. Pour être précis : à 19,5 ans chez les filles et 20,9 ans chez les garçons. Tout à coup, les jeunes gens se remettent à se coucher plus tôt et à se lever plus tôt.

De même que la fin de la croissance osseuse marque la fin de la puberté (à 16 ans pour les filles, 18 ans pour les garçons), de même, la fin du sommeil décalé marquerait la fin de l'adolescence. Puisque aucune modification aussi brutale ne s'est produite dans l'environnement psychologique, affectif ou social des jeunes gens, la cause du changement dans le rythme de sommeil ne peut être que biologique. Ce serait même le premier vrai marqueur biologique de la fin de l'adolescence.

CHAPITRE 2

La vie à 127 degrés

C'est une impression bizarre. D'un côté, on voit bien que, depuis peu, il s'est allongé, il n'est plus que bras et jambes interminables, et en même temps, on a l'impression de ne plus jamais le voir déplié. Ce n'est pas seulement qu'il dort beaucoup, c'est aussi que, même lorsqu'il est éveillé, pendant les précieux moments de la journée où on le voit hors de son lit, l'adolescent semble ne jamais être totalement debout. Ou plutôt, il est de guingois, les épaules rentrées et asymétriques, les bras et la tête qui pendent. Parfois, quand l'adolescent est un garçon, il adopte la très cool démarche hémiplégique du pseudo-rappeur, ce qui lui permet de retenir d'une improbable rotation de la hanche un pantalon que rien ne rattache à la taille.

Bien sûr, l'enfant habile et agile est devenu empoté et maladroit, il laisse tout tomber et se cogne partout, mais surtout, il traîne sa carcasse comme un bagnard son boulet. Et assis, c'est pire. On ne le voit plus qu'écroulé à son bureau, effondré à table, vautré dans le fauteuil ou le canapé du salon, toute la vivacité de son corps réfugiée dans le pouce droit (celui de la zapette et de la manette du jeu vidéo). Pareil dans l'espace public. L'école. Le bus. Le café. Pour les lecteurs qui n'auraient pas d'adolescent à domicile, il est facile d'en observer des spécimens dans les musées qu'on les oblige à visiter. Ils sont faciles à repérer : à la différence des jeunes enfants qui sautent partout et des retraités surmotivés qui arpentent les salles au pas de charge, les adolescents sont le plus souvent visibles sous la forme de groupes de lycéens épuisés qui monopolisent les banquettes le long des murs, et quand les banquettes sont occupées, les marches des escaliers et les socles des statues.

Couch potatoe

Mais le moment où cette attitude atteint une forme de perfection, c'est quand l'adolescent se met en position de *couch potatoe.* L'expression a été inventée par les Américains, en 1976 précisément. Mot à mot, elle se traduit par « patate de divan » et elle signifie : personne qui passe l'essentiel de son temps en position assise ou allongée, habituellement devant une télévision ou un écran. On pourrait ajouter : vautrée dans le canapé, les pieds sur la table basse, à proximité d'un reste de pizza et d'une canette de Coca.

Faut-il voir dans cette attitude de l'adolescent un symptôme des sociétés occidentales contemporaines permissives, décontractées, américanisées ? (Les Américains ont commencé bien avant les Européens à poser leurs pieds sur le bureau et à travailler à leur ordinateur, presque couchés dans leur siège, clavier sur les genoux.) Ce n'est pas si simple. Après tout, si la langue française dispose d'un très riche et très usité lexique de mots et d'expressions pour décrire un état de l'être humain qui allie le grand à l'allongé et au mou, c'est que le phénomène doit être un peu ancien. Dans le champ lexical qui nous intéresse, on dispose en effet d'un grand choix de substantifs et d'adjectifs. Dans le désordre : échalas, dégingandé, grand Duduche, grand dépendeur d'andouille, empoté, maladroit, asperge, fil de fer, haricot monté en graine, grande perche, grande gigue, grande gourde, girafe, guimauve, loukoum, caramel mou, grande loche… Mais aussi de verbes : se vautrer, se lover, s'affaler, se caler, se coincer… Il suffit d'ailleurs de réfléchir deux minutes pour réaliser que la littérature des siècles précédents (le XIXe et le XXe en tout cas), et aussi la peinture et même les fresques romaines et les bas-reliefs grecs, sont peuplés de jeunes gens et de jeunes filles alanguis.

Mais revenons ici et maintenant. Vous vous affligez de voir un jeune être théoriquement plein de sève et d'énergie dans cet état pathétique ? Détrompez-vous, réjouissez-vous même : en s'affalant de cette manière, il fait exactement ce qui est bon pour lui et pour son corps. Il a trouvé tout seul ce que les ergonomes, les designers de meubles, les compagnies aériennes et la NASA ont mis des années à calculer.

La vie à 127 degrés

Cette position « vautré sur le canapé/pieds sur la table basse/coussins sous les coudes », c'est la position la plus proche de la position « gravité zéro », la position neutre calculée par la NASA pour les sièges d'astronautes, avec un angle de 127 degrés – précisément – entre le dossier et l'assise. Cet angle, c'est aussi celui des sièges de la classe business d'Air France, appelée pour cette raison « classe 127 ». (La « classe 180 », allongée, c'est la première classe bien sûr.) Cette fameuse position 127, c'est aussi celle qui a été brevetée par Jerome Congleton, l'inventeur du siège « permettant au corps d'assumer une posture neutre », pour les microchirurgiens qui ont besoin de pouvoir maintenir une position assise et une parfaite précision des gestes pendant de longues heures et sans fatigue musculaire. Le siège de M. Congleton offre même au corps humain deux fois cet angle idéal : 127 degrés entre le dos et les cuisses, et 127 degrés de nouveau entre les cuisses et les jambes, plus un bon support lombaire et des accoudoirs (qui permettent de porter 35 à 40 % du poids du corps).

Remplacez le microchirurgien par l'adolescent : vous avez exactement le même dispositif, y compris le canapé et la table basse, y compris les coussins comme accoudoirs et encore un coussin pour soulager du poids de la tête, qui pèse quand même ses bons 5,5 kg. En réalité, d'une personne à l'autre, et selon les proportions du corps, l'angle idéal peut varier de 105 à 135 degrés, mais il ne s'éloigne jamais beaucoup de 127. Si on fait un électromyogramme, qui permet de mesurer la contraction des muscles, on en a la preuve : c'est autour de 127 degrés que la contraction, et donc la fatigue musculaire, est la plus faible, c'est là que les systèmes constitués par les muscles, les tendons et les ligaments des différents segments du corps sont en équilibre.

Arrivé à cette étape de notre petite enquête, on est obligé de se poser une nouvelle question. Les adolescents ont-ils été vautrés de toute éternité (comme aurait tendance à le suggérer notre observation des fresques romaines et des bas-reliefs grecs), ou est-ce une nouveauté ? Faisons pour le moment l'hypothèse qu'ils ont toujours eu tendance à être vautrés mais que cette tendance a été plus ou moins contrariée selon les époques et les cultures. Comme on le lit dans un document de VIA [1], autrefois et ailleurs, le besoin était le même, simplement, l'éducation – européenne notamment – était plus formelle et moins permissive (qu'aujourd'hui et qu'ailleurs). Deux de ses plus fréquents leitmotivs, pas totalement disparus, étaient, certains s'en souviennent : « Tiens-toi droit » et « Ne mets pas tes coudes sur la table ». Cette éducation était

1. Valorisation de l'innovation dans l'ameublement. Voir Gérard Laizé et François Bellanger, *Confort(s). La génération vautrée*, Éditions VIA, 2005.

d'autant plus formelle et inflexible qu'elle établissait un lien indissoluble entre tenue du dos et tenue morale.

Comme le décalage du sommeil, l'avachissement de l'adolescent a été considéré (et l'est encore dans une certaine mesure, variable selon les milieux et les familles) comme un signe d'ordre psychologique (dépression) ou moral (faiblesse). Une attitude physiquement relâchée indiquerait une attitude moralement relâchée, qu'elle soit volontaire ou au contraire un signe de faiblesse, de laisser-aller, de manque de volonté. Rien de plus naturel qu'elle soit alors une source d'agacement, d'exaspération, de jugement moral négatif, de la part des adultes, parents ou éducateurs... Dans le meilleur des cas, elle déclenche moquerie ou indulgence amusée.

Au XIXe siècle, donc, on « n'offensait pas un dossier de chaise » (autrement dit : on ne s'y appuyait pas), aujourd'hui, nous admettons, bon gré mal gré, que les adolescents se vautrent. Même si toute formalité n'a pas disparu de l'éventail des éducations données en Occident, il est évident que l'éducation est globalement devenue plus laxiste et que l'autorisation de ne pas se tenir droit va avec l'autorisation implicite d'être souple, libre, indépendant. Nous avons dans le même temps admis – ou exigé ? – que les chaises, les sièges en général, changent de forme. Les dossiers à angle droit, totalement inconfortables, ont fait place à des dossiers plus inclinés, même les bancs publics ont acquis une forme qui se rapproche de la forme naturelle du dos.

Il y a aussi que les dernières générations ont été élevées avec la télévision, l'ordinateur et les jeux vidéo. Autant d'activités qui se pratiquent plus naturellement dans un canapé que sur une chaise ou un fauteuil à dos raide. Les designers de VIA assurent que « c'est la télévision qui a rendu le canapé confortable ». On peut ajouter que l'ordinateur l'a rendu encore plus confortable, enveloppant comme un lit, ou une matrice. Il a aussi contribué à effacer les dernières frontières entre les modes d'occupation du lit et du canapé. On va au lit avec son ordinateur portable, on se couche dans son fauteuil ou son canapé.

On ne saurait oublier le rôle de la zapette. Pour les plus jeunes de mes lecteurs, je rappelle que la zapette n'a pas toujours existé. Il y a encore quoi, quinze ? vingt ? vingt-cinq ans ? il fallait se *lever* pour changer de chaîne ou baisser le son. En permettant de ne jamais interrompre ou redresser la position couchée, la zapette a sans aucun doute apporté sa contribution à l'avancée inéluctable du vautrage. On ne saurait non plus oublier l'important chapitre de la densité des matériaux. Le canapé en cuir aussi dur qu'une selle de cheval, genre Chesterfield, au rembourrage de crin d'une rectitude morale absolue, a totalement disparu pour faire place à toutes les variétés de mou. Ce n'est sans doute pas un hasard si le fauteuil poire où l'on s'enfonce comme dans de la crème, de l'eau, du sable ou une matrice, au choix, selon les fantasmes de chacun, a été créé précisément en 1968, mais oui, en Italie, par Piero Gatti, Cesare Paolini et Franco Teodoro, sous le nom de « Sacco » pour l'éditeur de meubles Zanotta. Le fauteuil poire, donc, créé au moment où se libéraient les corps et les mœurs, a été le pionnier d'une génération de sièges plus mous, plus confortables, qui accueillent et enveloppent au lieu de guider et de redresser, on a envie de dire des sièges maternels plus que paternels.

Par ailleurs, les spécialistes du dos nous expliquent que la position assise idéale n'existe pas, elle n'est pas naturelle puisqu'elle a pour conséquence que les muscles sont toujours en tension. Pour bien faire, pour éviter les crispations, la position du corps devrait être constamment modifiée, et les sièges devraient pouvoir soulager la tension musculaire. Très bien, direz-vous, parfait, mais alors, comment se fait-il que l'ensemble de la société ne se retrouve pas vautrée en position 127 ? La réponse, c'est que ce qui est vrai pour tout le monde l'est encore plus pour les adolescents. Et voilà pourquoi.

25 cm en deux ans

En réalité, c'est très simple, la position vautrée est une conséquence très directe de la poussée de croissance qui se produit entre 11 et 16 ans, qui est le marqueur le plus visible de l'adolescence dans toute l'humanité, et qui peut atteindre 10 cm en un an et 25 cm en deux ans. Ce pic de croissance des os entraîne à la fois une tension des ligaments de la colonne vertébrale et une hypotonie (les muscles ont du mal à garder une position), la combinaison des deux pouvant provoquer des douleurs. Un des corollaires de cette poussée est une déstabilisation du corps de l'adolescent, elle le rend maladroit et malhabile. Et cela est vrai jusque chez des jeunes gens qui ont déjà une grande maîtrise de leurs gestes, les sportifs et les danseurs par exemple.

Si même les gracieux petits rats de l'Opéra perdent tous leurs moyens, l'affaire est grave. Cela explique que les très sérieux spécialistes de l'International Association for Dance Medicine and Science se soient penchés sur la question. Ce qu'on constate, expliquent-ils, c'est que cette brutale augmentation de la taille et du poids entraîne un changement des proportions entre les membres et le tronc et une baisse de la force musculaire et de la coordination. Comme les muscles ne s'allongent pas aussi rapidement que les os, il y a diminution temporaire de la force, de la souplesse et du contrôle. Il faudra environ un an pour que le système nerveux prenne en compte ces changements et que le danseur retrouve son équilibre et sa coordination.

Entre 11 et 16 ans donc (il y a des différences selon le sexe – les filles commencent avant les garçons – et des différences individuelles), on voit un pic de croissance rapide qui s'accompagne d'un manque de tonus musculaire, de la dégradation transitoire de la coordination, d'une maladresse et d'un certain manque de grâce. Le corps pousse si vite, le centre de gravité se déplace si rapidement, que le cerveau n'arrive pas à suivre. Pour ne rien arranger, la partie du cerveau qui grossit le plus pendant l'adolescence est le cervelet, très important dans l'équilibre et le contrôle des mouvements larges. Il faudra attendre la deuxième partie de l'adolescence, après la phase de puberté, pour que se fassent la croissance en largeur et le développement des muscles (et de la graisse chez les filles), pour que les proportions s'harmonisent et que les mouvements soient à nouveau parfaitement coordonnés. Mais regardons en détail ce qui se passe chez tous les êtres humains, qu'ils soient basketteurs, danseuses ou *couch potatoes* de base.

Par où grandissent filles et garçons

Alors que, depuis l'âge de 5 ans, le rythme de croissance de l'enfant était assez lent et régulier, tout à coup arrive ce pic de croissance qui affecte quasiment toutes les parties du corps, les os des bras et des jambes, les vertèbres, le crâne et les os de la face, le cœur, les poumons et les autres organes, et bien sûr la masse musculaire. Une exception, le tissu adipeux, la graisse, aussi bien la graisse sous-cutanée que la graisse qui entoure les organes. Des études ont montré de manière très précise qu'elle diminuait chez les jeunes garçons américains et britanniques. On peut en déduire que c'est sans doute le cas chez tous les autres. Chez les filles, c'est un peu plus compliqué, on le verra plus tard.

Jusqu'à la puberté, garçons et filles ont à peu près la même taille. Cela change ensuite puisque, comme on le sait, les hommes sont en moyenne plus grands que les femmes. Le pic de croissance, impulsé par les hormones sexuelles, démarre entre 12 et 14 ans chez les filles, 14 et 16 chez les garçons. Il dure dix-huit à vingt-quatre mois, il a une vitesse variable, il est plus ou moins brusque et connaît parfois des accélérations brutales, de plus d'1 cm par mois. Les garçons peuvent prendre 10 cm par an et les filles 8 cm, avec de petites variations saisonnières : on pousse plus vite au printemps, plus lentement en automne et en hiver. Pour tout compliquer, tout ne pousse pas en même temps. Mais pas au hasard non plus, il y a un ordre : d'abord les mains et les pieds, ensuite les jambes et les avant-bras, puis les cuisses et les bras, enfin le tronc. Pas étonnant que le système nerveux qui commande l'ensemble ait du mal à suivre, qu'il y ait un peu de mou dans l'ajustement, que la grâce et l'agilité en soient légèrement perturbées. Sans compter que la croissance peut être asymétrique, un bras peut pousser plus vite que l'autre. (Non, ce n'est pas aussi atroce que ça en a l'air, ça se compense rapidement.) Et n'oublions pas le visage qui lui aussi grandit, en particulier le nez et le menton.

Tous ces événements n'ont pas exactement le même timing pour tous : la durée et la vitesse du pic varient d'un sexe à l'autre. Les filles, on l'a dit, commencent généralement leur pic de croissance deux ans avant les garçons, ce qui signifie qu'elles sont plus grandes qu'eux pendant deux bonnes années (vous avez vu une classe de quatrième ?). Quant aux muscles, les garçons en ont toujours eu un peu plus, mais la différence devient vraiment très nette, et biologiquement importante, à l'adolescence. Par ailleurs, l'accélération de la croissance, ce marqueur biologique de l'adolescence, n'est pas la même pour les deux sexes. Elle est plus rapide chez le garçon. On a plus de chances de le voir pousser comme un plant de haricots, quasi à vue d'œil, qu'une fille. Pendant le pic, les garçons peuvent grandir de 9 à 10,3 cm par an. Les filles de 7,1 à 9 cm. Après ce pic, la croissance continuera encore, à un rythme plus lent, jusqu'à 17 ans chez les filles, jusqu'à 20 ans, parfois plus, chez les garçons.

Chez les filles, le pic de croissance est le premier signe de la puberté, avant même l'apparition des règles. Quand les ovaires sont mûrs, les jambes ont généralement fini de pousser, seul le tronc peut encore grandir. En général, on considère qu'une fille ne prendra pas plus de 6 cm après ses premières règles. Vers 14 ans, la colonne vertébrale a fini de s'allonger. Les derniers à changer sont les os du pelvis qui s'élargissent (et deviennent lisses), se préparant ainsi pour l'accouchement, vers 18 ans ou même plus tard. La fille aura pris près de 25 cm pendant la croissance pubertaire. Les filles prennent des muscles, mais moins que les garçons.

En fait, la puberté fait évoluer la composition corporelle dans des sens opposés. Avant la puberté, la masse grasse et la masse maigre (tous les tissus sauf la graisse) sont à peu près équivalentes dans les deux sexes. Après la puberté, la masse squelettique est plus importante chez l'homme que chez la femme, la masse musculaire est deux fois plus importante chez l'homme que chez la femme (et la force augmente proportionnellement à l'augmentation du nombre et de la taille des cellules musculaires), alors que la masse graisseuse est deux fois plus importante chez les femmes.

Les garçons prennent en quatre ans 30 cm de hauteur, 6 kg de muscles et 40 % de muscle cardiaque en plus. La plupart des garçons perdent de la graisse après la puberté : ils n'ont souvent pas plus de graisse à 18 ans qu'à 6 ans. À la fin de la croissance, chez l'homme, la masse osseuse fait 4,5 à 5 kg, la masse musculaire représente 45 à 50 % de la masse corporelle, et la masse graisseuse 14 % de la masse corporelle. Ils grandissent, on l'a dit, après les filles : leur pic de croissance se fait à la fin de la puberté et pas au début. Entretemps, ils auront continué leur lente croissance d'enfant pendant deux ans, ce qui fait qu'à la fin, ils mesurent en moyenne 13 cm de plus que les filles. L'autre raison pour laquelle ils sont plus grands, c'est que leur pic de croissance est plus rapide, essentiellement à cause d'une plus grande quantité de testostérone dans le sang. Il y a aussi augmentation de la fonction cardio-vasculaire, du volume de sang et de la densité de globules rouges. (Ces changements se produisent aussi chez les filles, mais à un niveau moindre.) À l'achèvement de cette phase, autour de 20 ans, les os des garçons seront devenus plus denses et plus lourds que ceux des filles, il y aura eu un élargissement de leur poitrine et de leurs épaules.

Quelle taille dans quel pays ?

Au terme d'un processus qui est le même pour tous les adolescents du monde, on pourrait croire que tous les humains ont la même taille, quelle que soit leur origine géographique. On sait bien qu'il n'en est rien. En moyenne, sur toute la planète, on l'a vu, les hommes sont plus grands, plus lourds et plus costauds que les femmes. Une enquête qui s'est penchée sur 93 sociétés a montré que la taille des femmes se situe généralement entre 88 et 95 % de celle des hommes.

Quelle que soit la taille de chacun, le moment où l'on atteint sa taille définitive a longtemps été considéré comme marquant l'entrée dans l'âge adulte. Aux États-Unis, dans les classes moyennes et supérieures, les garçons et les filles atteignent respectivement leur taille adulte à 21 et 18 ans. En Pologne, 54 % des jeunes gens ont leur taille adulte à 19 ans. Mais, en cas de difficultés, tout est retardé. Quand il y a malnutrition chronique, maladie ou travail pénible de l'enfant, comme c'est le cas chez les Indiens des hauts plateaux du Pérou ou dans les sociétés pastorales d'Afrique de l'Est, la taille à tous les âges est inférieure à celle de populations moins stressées. La période de croissance est alors prolongée jusqu'à 25 ou 26 ans, mais la taille reste néanmoins inférieure à celle des populations plus privilégiées.

Bien sûr, l'humanité n'a jamais été aussi grande à cause des bonnes conditions de vie (notamment une bonne alimentation, et même une suralimentation) de certains groupes, mais les différences sont énormes. En dehors des différences individuelles, il y a aussi de sacrées différences de taille moyenne d'une population à l'autre. Mettez donc un Maldivien à côté d'un Américain ou un Vietnamien à côté d'un Suédois. Pour le moment, les Néerlandais sont les plus grands du monde, même si cela risque de changer avec le brassage de la population autochtone et de populations originaires de Turquie, du Maroc ou d'Indonésie. Mais, aujourd'hui en tout cas, les hommes néerlandais les plus petits mesurent 1,69 m, ce qui est une taille moyenne au Japon, et supérieure à la moyenne au Guatemala et en Bolivie. Si on veut continuer le jeu, on voit que les jeunes Américains sont plus petits que les Néerlandais, mais qu'ils font néanmoins partie des populations les plus grandes, tout comme les Turkana, des nomades du Kenya. Mais bien sûr, tout change. Au Japon par exemple, les étudiants sont plus grands et plus lourds que le reste de la population de leur pays, même s'ils restent plus petits que les Néerlandais, les Américains ou les Turkana. Et la plus petite population de la planète est sans doute, et sans surprise, celle des Pygmées Mbuti du Zaïre, dont les hommes mesurent en moyenne 1,40 m.

Comment se fait-il qu'il y ait de telles différences entre les différents groupes humains ? Bien sûr, ce sont toujours les mêmes variables qui interviennent dans l'établissement de la taille finale, mais comment jouent-elles entre elles ? Pour l'anthropologue américain Barry Bogin, il semble que la taille soit programmée génétiquement et que le programme soit presque toujours réalisé, grâce à des mécanismes de compensation et d'ajustement qui tiennent compte des périodes où l'environnement est difficile (sous-alimentation, excès d'effort physique). Sauf quand les conditions sont décidément trop rudes : la taille finale est alors inférieure à celle prévue par le programme génétique. Parmi les mécanismes d'ajustement, il cite la vitesse du pic de croissance : les enfants qui ont une maturité sexuelle précoce auraient un pic de croissance plus rapide que les autres. Ou encore : les enfants qui ont une croissance lente avant la puberté ont un pic de croissance qui dure plus longtemps à l'adolescence que ceux qui ont atteint, avant la puberté, un plus grand pourcentage de leur taille adulte. Enfin, il semble que pendant l'enfance la croissance soit sensible aux facteurs environnementaux, et donc puisse être ralentie, mais qu'il y ait une résistance à ces facteurs pendant l'adolescence. Comme si, pendant l'enfance, la croissance pouvait être retardée au bénéfice de travaux plus urgents (construire un cerveau par exemple) en cas de malnutrition, mais que, arrivé à un certain âge, on ne puisse plus se permettre d'attendre : il faut grandir pour atteindre une taille aussi proche que possible de la taille maximale potentielle, de ce que permet d'espérer le capital génétique.

Où se situe la valeur de ce capital génétique, à quelle altitude ? On commence à avoir quelques indices. Ainsi, en France, la population a collectivement grandi depuis quelques décennies. La campagne de mesures menée en

2006 a montré que, depuis 1970, les Françaises ont gagné 2 cm et les Français 5,5 cm. (Si on remonte plus loin, en un siècle, les hommes ont gagné 10 cm et les femmes 8 cm.) La Française moyenne mesure aujourd'hui 162,5 cm (pour 62,4 kg). Elle est passée de la taille 38 à la taille 40 et elle fait 93,7 cm de tour de poitrine. Le Français moyen, lui, mesure 175,6 cm (pour 77,4 kg). Comme la tendance est à peu près la même dans tous les pays, on se demande jusqu'où ça peut aller. Homo Sapiens va-t-il grandir encore longtemps ou a-t-il atteint ses limites ? La réponse (provisoire ?) des biologistes est que la taille moyenne de l'être humain plafonne autour d'1,80 m.

Voilà qui nous ramène à nos adolescents vautrés. S'il est vrai que les humains n'ont jamais été aussi grands, on peut penser que c'est parce que leur pic de croissance n'a jamais été aussi rapide et aussi long, puisque la puberté commence plus tôt qu'autrefois et qu'il y a d'autant plus de croissance que le pic est précoce. De cela, on déduit que la transformation du corps adolescent n'a jamais été si importante, si prolongée, et donc si éprouvante. Ce qui expliquerait, au moins en partie, cette épidémie inédite d'adolescents dégingandés-vautrés.

CHAPITRE 3

Le syndrome de Gulliver

C'est vraiment trop injuste. Alors que c'est déjà si embarrassant d'être un adolescent, pourquoi faut-il que ce soit si tentant de sourire de cet embarras quand on est sorti de l'adolescence ? Reconnaissons-le, face à un jeune humain en période de puberté, on a parfois l'impression d'être devant une expérience de petit chimiste ou un dessin animé en accéléré. Des choses poussent, explosent ou jaillissent dans tous les coins. Les seins de la petite fille s'arrondissent, des poils colonisent ses aisselles, ses cheveux se mettent à friser, son nez s'avance comme un promontoire. Le pénis du petit garçon s'allonge, un archipel de boutons d'acné fleurit sur son front, sa voix dérape, sa transpiration sent fort et ses tibias se couvrent d'une forêt de poils. Une exubérance du corps aussi peu contrôlée qu'un feu d'artifice amateur ou une réaction dans une centrale nucléaire ukrainienne. Pour le spectateur qui a oublié son propre désarroi pubertaire, c'est une source inépuisable de perplexité. Pour le propriétaire du corps, c'est gênant, étrange, parfois angoissant.

Dans le chapitre précédent, on a vu que le corps s'allongeait tout d'un coup. En réalité, il ne fait pas que s'allonger, il se transforme totalement. La puberté est un sculpteur qui remodèle un corps d'enfant pour en faire un corps d'adulte. La poussée de croissance est suivie, en quelques mois, par l'apparition de ce qu'on appelle les caractères sexuels secondaires. Des caractères secondaires absolument primordiaux puisqu'ils rassemblent une bonne partie des traits qui rendent un sexe attirant pour l'autre. (Il se trouve que ce sont les mêmes, ou à peu près, qui jouent dans la séduction à l'intérieur d'un même sexe, comme toujours l'être humain est particulièrement doué pour ne pas s'en tenir à son destin biologique.)

Au moment de la puberté, les hormones sexuelles se mettent à transformer le corps pour le rendre apte à la reproduction, ce qui veut dire essentiellement que les appareils génitaux mâle et femelle deviennent fonctionnels, en l'occurrence capables de fabriquer ensemble un enfant. Encore faut-il que les appareils génitaux des deux sexes entrent en contact. Cela implique qu'en amont se soit mise en place une signalisation efficace. Des signaux qui indiquent : « Ceci est une jeune fille, elle est mûre sexuellement, donc attirante », « Ceci est un jeune homme, il est mûr, etc. » Si on s'y arrête deux minutes, c'est assez mystérieux de voir comment le cerveau, dès qu'il est inondé d'hormones sexuelles, modifie son fonctionnement et réoriente l'ensemble du psychisme qui n'a désormais plus qu'un seul centre d'intérêt : le sexe. Et c'est merveilleux de voir comment le corps se transforme pour devenir à la fois objet de désir et objet désirant. Comment au dessin de la hanche d'une femme correspond le désir pour la hanche d'une femme et comment à la voix grave d'un homme correspond le désir pour la voix grave d'un homme.

Arrêtons-nous aussi pour remarquer qu'un des traits qui distinguent l'homme des autres espèces, en dehors du langage, c'est sa reproduction assez particulière. Autant nous sommes souvent très proches, que ça nous plaise ou non, des mammifères et en particulier des grands singes, autant il y a de petites mais pas du tout anodines différences dans ce domaine. Chez quel autre animal trouve-t-on une ovulation cachée, un pénis très visible, une copulation face à face et une réceptivité sexuelle permanente dans les deux sexes ? Aucun. (Sauf le bonobo, mais nous y reviendrons.) Voilà des caractères sexuels primaires assez particuliers auxquels nous devons nous intéresser avant de nous pencher sur les caractères sexuels secondaires. Commençons par la manière dont ils apparaissent à la fin de l'enfance. Pour faire (relativement) simple, on peut dire que la puberté est déclenchée par trois systèmes hormonaux. Le premier implique une cascade d'hormones qui activent les gonades (ovaires et testicules), les font mûrir et commencer à produire des niveaux élevés d'œstrogènes et de testostérone. Ce qui permettra l'activité sexuelle et la reproduction. Le deuxième déclenche la sécrétion d'hormones dont la testostérone (chez les deux sexes) par la glande surrénale. Le niveau de ces hormones s'élève entre 6 et 9 ans, avant même l'activation des gonades, et il continue à s'élever pendant dix ans, atteignant un pic au début de la vingtaine. Ces hormones contribuent au changement de la peau, à l'apparition des poils pubiens et axillaires (des aisselles), et éventuellement aux problèmes d'acné. Le troisième système met en jeu l'hormone de croissance sécrétée de manière pulsatile (par giclées) dans l'hypophyse, une petite glande située à la base du cerveau. Il est responsable de la poussée de croissance de l'adolescence. Pour être complet, ajoutons que la puberté entraîne aussi des changements dans d'autres systèmes hormonaux : régulation du cortisol, l'hormone de stress, et de l'ocytocine, l'hormone associée à l'allaitement, mais aussi à l'attachement mère/enfant et homme/femme, nous y reviendrons.

Les cascades hormonales de la puberté

La puberté implique donc la modification d'une série de systèmes hormonaux plus ou moins liés entre eux. Le réglage précis des influences réciproques est un peu compliqué, on ne regardera que les grandes lignes, juste de quoi comprendre comment les mécanismes biologiques peuvent être accélérés ou freinés par le comportement et l'environnement. Et pour commencer, qu'est-ce qui déclenche la première de ces cascades hormonales ? En fait, c'est à la fois le poids, la quantité de graisse contenue dans le corps et le rapport masse grasse/masse maigre. Ce qui se passe, c'est que se met en place un système, le « somatomètre », qui informe en permanence le cerveau de l'état de développement du corps par l'intermédiaire de plusieurs molécules, dont l'hormone de croissance (sécrétée par l'hypophyse) et la leptine (sécrétée par le tissu adipeux). Quand le somatomètre « juge » le moment venu, autrement dit quand il considère que le corps a assez grandi et assez grossi, le signal de démarrage de la puberté est donné par l'activation de certains neurones, dits « neurones à GnRH » (situés dans l'hypothalamus, une zone de la taille d'un grain de raisin, localisée au milieu du cerveau) dont la sécrétion est pulsatile. Au début, la sécrétion se fait une fois dans la nuit, les nuits suivantes, elle est de plus en plus forte et plus longue, puis vient le moment où elle se fait aussi de jour. À ce stade, les premiers signes de puberté sont devenus visibles. L'hypothalamus envoie donc le signal de la GnRH à l'hypophyse, lui faisant sécréter deux hormones, la LH (Luteinizing Hormone) et la FSH (Follicle Stimulating Hormone). Celles-ci agissent à leur tour sur les ovaires et les testicules qui se mettent à produire les ovules et les spermatozoïdes, ainsi que les hormones sexuelles, œstrogènes et progestérone chez les filles, testostérone chez les garçons. (Rapidement, les garçons se retrouvent avec cinquante fois plus de testostérone dans le sang qu'avant la puberté.)

Une fois que ces hormones commencent à se diffuser dans le corps (y compris le cerveau), débute alors une période de bouleversements et de transformations qui durera jusqu'à l'âge adulte. L'impact des hormones sexuelles (testostérone et œstrogènes) sur le corps déclenche des changements absolument spectaculaires. Les œstrogènes stimulent la croissance de l'utérus et des seins, ils sculptent aussi le corps féminin en réarrangeant la graisse (notamment celle des seins, des fesses et des hanches). Précisons aussi que, dans les deux sexes, ce sont les hormones mâles (testostérone et androsténédione) qui sont responsables de la libido. Chez les hommes, elles sont essentiellement sécrétées par les testicules ; chez les femmes par les glandes surrénales.

Chez les garçons, le premier signe de maturation sexuelle est l'augmentation du volume des testicules vers 11 ans et demi (ils sont souvent asymétriques au début) et du pénis, six à douze mois plus tard. Puis viennent la pilosité pubienne et le changement de teinte (plus foncée) du scrotum et du pénis. Les testicules commencent à produire du sperme à mi-puberté, avant le pic de croissance, les premières émissions nocturnes apparaissent, les premières éjaculations conscientes se feront vers 13 ou 14 ans. À vrai dire, on ne sait pas si ce jeune sperme est déjà fécondant, on peut juste supposer que l'activité hormonale du garçon, différente de celle de l'homme adulte, a sans doute une influence sur la nature du sperme. Par ailleurs, même s'il est fertile, un garçon de 14 ans ne fait que commencer sa poussée de croissance. En termes d'apparence physique, de statut physiologique et de développement psycho-social, il est encore bien plus proche du petit garçon que de l'homme adulte.

Chez les filles, on en sait plus. Le premier signe de puberté est généralement l'apparition des seins suivie, six mois plus tard, d'une pilosité sur les grandes lèvres puis sur le pubis. La pigmentation des mamelons se fait un an après. La vulve passe d'une position verticale, orientée vers l'avant chez la petite fille, à une position horizontale en fin de puberté. Il y a aussi un développement des grandes et des petites lèvres et une petite augmentation du clitoris. La pilosité des aisselles se développe rapidement, entre le pic de croissance maximal et l'apparition des règles que les médecins appellent savamment « ménarche ». La ménarche est un événement tardif de la puberté, puisqu'il se produit deux ans après ses premiers signes. Au début, les règles sont irrégulières et sans ovulation pendant un ou deux ans. Ensuite, même quand l'ovulation se met en place et que la fécondation est possible, cela ne veut pas dire que la grossesse peut forcément être menée à terme. Il y a un taux très élevé de fausses couches et de complications chez les adolescentes enceintes. Si on considère que l'âge moyen des premières règles est de 13 ans, on estime qu'il faut attendre environ cinq ans avant qu'un taux de fécondité normal soit atteint.

L'hypothèse de la daddy's girl

Dans le monde entier, une constatation s'est imposée : l'âge de la puberté est de plus en plus précoce, chez les filles en tout cas. Pour ce qui concerne les garçons, on n'en sait pas grand-chose, il est clair qu'on s'est beaucoup moins intéressé à eux qu'aux filles. Difficile de savoir si c'est parce que la puberté est plus malaisée à observer chez eux, ou parce que les implications (la grossesse par exemple) sont plus importantes chez les filles. Quoi qu'il en soit, la maturité sexuelle des filles a avancé de presque cinq ans en cent ans. En Europe, on pense qu'elles étaient pubères à 14 ans au Moyen Âge, que l'âge de la puberté a été repoussé jusqu'à 17 ans au début du XIXe, pour redescendre à 15 ans au début du XXe et atteindre 13 ans dans la plupart des pays industrialisés après la Seconde Guerre mondiale. Aujourd'hui, cet âge est de 12,5 ans chez les filles de la classe moyenne de nombreux pays. À partir de là, les informations deviennent parfois contradictoires. Une étude américaine récente montre que l'âge continue de baisser, surtout chez les jeunes Noires (âge moyen 12,2 ans), alors que certains pays d'Europe comme la Grande-Bretagne voient cet âge remonter très légèrement. Quoi qu'il en soit, l'âge moyen le plus tardif est de 18 ans, il a été observé chez les filles de la tribu Bundi des hauts plateaux de Nouvelle-Guinée.

L'âge des premières règles dépend de plusieurs facteurs : génétiques (si la mère a eu une puberté précoce, il y a des chances que la fille suive son exemple), mais aussi économiques et sociaux. Quand les conditions de vie sont bonnes, en particulier quand l'alimentation est suffisante, quel que soit le pays, les règles arrivent entre 12 et 13 ans. Mais ce n'est pas si simple. Si on attribue la baisse continue de l'âge des règles à l'amélioration de la nutrition, on ne comprend pas pourquoi cet âge a encore baissé ces vingt dernières années : il y a vingt ans, l'alimentation était déjà largement suffisante dans les pays développés. Hypothèse : puisque le somatomètre est sensible à la quantité de graisse dans l'organisme, certains pensent que l'épidémie de surpoids et d'obésité qui est en train d'envahir notre société pourrait y être pour quelque chose. Pour le dire vite : plus une petite fille est grosse, plus elle aurait de chances d'être réglée tôt. À l'opposé, on sait que la malnutrition retarde la puberté, de même la vie en haute montagne (Andes ou Nouvelle-Guinée) et l'excès d'activité physique, qu'il soit la conséquence du sport de compétition, de la danse classique, ou du travail forcé. Le retard de règles chez les jeunes filles qui vivent dans ces conditions s'expliquerait par le stress de l'effort physique : on sait que la production d'un certain nombre d'hormones, y compris la progestérone, la prolactine et la testostérone, est stimulée par un effort physique intensif, or ces mêmes hormones sont connues pour retarder l'apparition des cycles menstruels. De même que les anorexiques voient leurs règles s'arrêter dès que leur poids descend trop bas. Autre cause de retard : le stress psychologique qui pourrait intervenir dans le retard de la ménarche. Ainsi, chez les danseuses classiques, hyper vigilantes dès qu'il s'agit de leur poids et de leur image du corps, les règles s'interrompent lorsqu'elles préparent un spectacle avant même qu'elles ne commencent un régime ou un entraînement intensif.

Quand on se penche ensuite sur les facteurs relationnels et sociologiques, cela devient à la fois très intéressant et pas tout à fait clair. D'un côté, les facteurs sociologiques : les jeunes filles de milieux aisés seraient plus tardives. De l'autre, les relations familiales : plus celles-ci sont harmonieuses et plus les jeunes filles seraient réglées tard. Une hypothèse américaine récente est celle de la *daddy's girl* qu'on traduira par « la petite chérie de son papa ». Les tenants de cette hypothèse ont cru remarquer que plus une fille est proche de son père et plus sa puberté arrive tard. Symétriquement, si le père est absent, ou distant, la puberté arrive plus tôt. Explications ? Si on regarde toutes ces observations du point de vue de la biologie et qu'on les replace dans le cadre de la théorie de l'Évolution, on doit admettre, comme l'a très efficacement formulé la biologiste Olivia Judson [1], que, « finalement, la sexualité n'est rien d'autre que l'acquisition de gènes supplémentaires ». À partir de là, si le but de chacun est de se reproduire le plus possible,

1. Olivia Judson est l'auteur d'un livre très drôle sur l'évolution et la sexualité dans le monde vivant : *Manuel universel d'éducation sexuelle à l'usage de toutes les espèces,* Seuil, 2004.

on peut imaginer que, dans un environnement harmonieux, on peut prendre le temps de grandir avant de trouver le meilleur partenaire possible. Alors que, lorsqu'on est placé dans un environnement difficile, le mieux est de commencer à se reproduire le plus vite possible avant que les choses se gâtent vraiment.

Comment faire de la pub pour ses propres gènes ?

Mais revenons à nos caractères sexuels secondaires et à d'autres manifestations qu'on a du mal à appeler caractères sexuels secondaires, mais qui leur sont étroitement liées : acné, transpiration excessive et autres plaies qui affectent les jeunes gens fraîchement pubères.

Mettons-nous d'abord d'accord sur la terminologie. Qu'est-ce qu'un caractère sexuel secondaire ? Vous vous souvenez de la définition selon laquelle « la sexualité n'est rien d'autre que l'acquisition de gènes supplémentaires » ? Pour le dire de manière un peu plus explicite, la sexualité est pour le moment (tant que la parthénogenèse et le clonage ne seront pas plus répandus) le seul moyen qu'a un individu de transmettre ses gènes à la postérité. Dans la reproduction sexuée, il s'agit d'une transmission en commun avec un représentant de l'autre sexe : un enfant hérite d'un demi-génome du père et d'un demi-génome de la mère. Si une femme veut que ses descendants soient solides et survivent, elle a intérêt à ce que celui avec qui elle mélange ses gènes ait lui-même de bons gènes. Autrement dit, un caractère sexuel secondaire, c'est une manière de faire de la pub pour ses propres gènes. C'est un signe du corps qui indique aux autres individus de l'espèce (éventuellement aux rivaux du même sexe à titre de dissuasion, mais surtout aux individus du sexe opposé) trois choses. Un : « Je suis un mâle (ou une femelle). » Deux : « Je suis à maturité sexuelle. » Trois : « Mon caractère sexuel secondaire est particulièrement réussi, donc je suis porteur de bons gènes, donc je suis un excellent partenaire potentiel pour la transmission commune de gènes à la postérité. Ce qu'on appelle un excellent partenaire sexuel. »

Pour ne vexer personne, prenons un exemple suffisamment éloigné de l'homme. Alors que la poule s'en tient à une petite crête rose pâle, un plumage aux tons sourds et un modeste cotcotcodec, le coq peut s'enorgueillir d'une crête rouge et turgescente, de plumes colorées et brillantes, de puissants ergots et d'un cocorico triomphant. La crête rouge du coq indique son sexe et sa maturité sexuelle, la taille et la vigueur de cette crête indiquent la bonne qualité de ses gènes. Pour rester chez les oiseaux, un des caractères sexuels secondaires les plus spectaculaires du monde vivant, c'est la magnifique queue du paon mâle, faite de très longues plumes ocellées, dont les couleurs chatoyantes vont du bleu-vert au violet en passant par le bronze et l'or, queue que le paon plie et déplie comme un éventail géant. Seul problème, cette queue magnifique ne sert strictement à rien. Ni à manger, ni à voler, ni à se battre. Rien. En revanche, elle est très coûteuse en énergie. Sa seule raison d'être est de montrer aux femelles *primo* qu'il est un mâle, *secundo* qu'il est un mâle qui a les moyens. S'il est capable d'entretenir une queue si grande, si colorée, si symétrique, c'est qu'il en a dans les gènes, c'est qu'il a un capital génétique qui lui a donné les moyens de résister aux infections et autres agressions. Si ça n'était pas le cas, les séquelles des agressions se verraient dans la queue : déplumée, rabougrie, décolorée, avec des motifs asymétriques. Sans compter que pour fabriquer et entretenir cet énorme panneau publicitaire, il a fallu dégager beaucoup d'énergie, mais aussi beaucoup de testostérone, or un taux élevé de testostérone est un facteur de fragilité. Un paon qui a une belle queue a donc vraiment de bons gènes. Et l'expression « faire le paon » dit exactement ce qu'elle veut dire.

Des caractères sexuels secondaires, il y en a dans toutes les espèces : le chant des oiseaux, la crinière du lion, les bois des cerfs… Chez l'humain, c'est pareil. Simplement, puisque nous sommes des animaux de culture, et pas seulement de nature, nos caractères sexuels secondaires se sont diversifiés. En plus des muscles et de la voix pour les hommes, des seins, du rire de gorge, des lèvres rouges et de la taille fine pour les femmes, il y a aussi la voiture de sport, la richesse, le pouvoir, les talons aiguilles et les soutiens-gorge pigeonnants, bref, tous les outils de la séduction. Mais voyons comment les choses se passent à la puberté.

L'étalon de la virilité brute

Chez les garçons, tout commence par la pilosité pubienne qui apparaît vers 13 ans. Les poils sont d'abord raides et fins, puis de plus en plus épais et bouclés, la pilosité des aisselles démarre quelques mois plus tard, mais tout cela est très variable d'un groupe ethnique à l'autre. Les poils pubiens apparaissent par exemple vers 11,8 ans chez les jeunes Turcs, 12,5 ans chez les Suédois et 13 ans chez les Chinois. Sur le visage, un duvet commence à recouvrir la lèvre supérieure vers 15 ans, les joues vers 16 ans, et ensuite le menton. Ce duvet mettra des années avant de devenir la barbe fournie de l'homme adulte. Encore une fois, la pilosité du reste du corps est très variable d'un groupe ethnique à l'autre et d'un individu à l'autre, mais elle augmente quand même chez tous, surtout sur les bras et les jambes. Quant aux poils sur la poitrine et le dos, ils apparaissent chez certains à partir de 25 ans, mais il faut parfois dix ou quinze ans de plus.

À quoi servent les poils ? *A priori*, on ne voit pas quel rôle direct ils joueraient dans les relations sexuelles, et ils ne sont pas non plus forcément séduisants de manière évidente, mais ils indiquent la maturité sexuelle. Ce sont, comme les odeurs, des signaux qui, à un niveau relativement inconscient, font appel à l'animal qui est en nous et permettent l'attraction et la reconnaissance entre partenaires sexuels potentiels. Le rôle des poils pubiens et axillaires serait aussi de retenir les odeurs sécrétées à partir de la puberté.

Il y a une autre sorte de poils dont on parle peu mais, c'est une constatation que chacun a pu faire, il arrive assez fréquemment que les cheveux se mettent à friser au moment de la puberté. L'autre chose qui arrive aux cheveux, c'est qu'ils deviennent gras, une conséquence de la modification de la peau qui va avec les éventuels boutons d'acné. À un degré ou un autre, 80 % des adolescents ont de l'acné, c'est une des calamités de l'adolescence. Moins qu'il y a trente ans, parce que aujourd'hui les dermatologues savent le soigner, mais ça reste néanmoins un problème très désagréable et avec un très mauvais timing. C'est précisément au moment où l'être humain est le plus sensible et le moins rassuré sur son apparence que lui poussent des boutons d'acné. Cela peut aller de relativement inoffensifs points noirs à d'énormes furoncles rouges, douloureux et purulents qui envahissent le visage, et parfois aussi le cou, le haut du dos, les épaules et la poitrine. Bref, ça peut devenir un vrai cauchemar. Les garçons en ont plus souvent et plus fort que les filles, parce que la testostérone aggrave le problème, alors que les œstrogènes le limitent. La cause de cette éruption pubertaire est que la peau de toutes ces zones est riche de milliers de glandes sébacées qui produisent une substance huileuse appelée sébum et, sous l'effet des hormones, de la testostérone en particulier, ces glandes sont suractivées chez les adolescents. Le sébum sert normalement à garder la peau souple et douce, mais quand il y en a trop, il bouche les pores à la base des poils. Les pores bloqués piègent les bactéries, ça crée des rougeurs, des points noirs, des comédons blancs ou d'énormes bubons disgracieux. Heureusement, on l'a dit, il existe aujourd'hui de très efficaces traitements locaux et généraux, et les adolescents ne sont plus condamnés à porter ces marques d'infamie juste au moment où ils découvrent le désir de séduire et l'importance du regard des autres.

L'autre transformation au niveau de la peau, c'est la modification de la transpiration, et par conséquent des odeurs. Les chambres à coucher et les salles de classe des adolescents ont la réputation de sentir fort. Ce n'est pas forcément qu'ils ne se lavent pas, c'est qu'ils commencent à transpirer différemment. Les humains ont deux sortes de glandes sudoripares. Les exocrines, réparties sur tout le corps, fonctionnent dès la naissance : elles produisent un fluide aqueux et légèrement acide qui sert à faire baisser la température par évaporation. Au départ, elles n'ont pas d'odeur et ne commencent à sentir que lorsque les bactéries de la peau s'y attaquent. Un deuxième type de glandes, dites apocrines, ne commencent à fonctionner qu'à la puberté. Celles-là sécrètent une substance épaisse, cireuse, grise. Elles n'ont pas non plus d'odeur au départ mais, quand les bactéries s'y attaquent, l'odeur devient très forte. On les trouve sous les aisselles, dans le nombril, les oreilles, l'entrejambe, l'appareil génital, l'anus et les tétons. Cette sueur-là est produite en réponse à un stress, une émotion ou une excitation sexuelle. On trouve des glandes similaires chez les animaux, chez les primates en particulier. Chez eux, l'odeur qu'elles produisent est censée avoir un effet d'attraction sexuelle. Chez les humains, c'est possible, l'intuition et l'expérience tendraient à montrer que c'est le cas, mais on n'en a pas la certitude.

Une autre modification embarrasse souvent les malheureux garçons à ce moment de leur vie : il leur pousse des seins. En fait, c'est très fréquent : chez 60 % à 70 % des garçons, en milieu de puberté, entre 13 et 16 ans, apparaît une petite gynécomastie (un gonflement des seins). Cette gynécomastie est en général limitée à un disque mou de 2 à 3 cm de diamètre, qui disparaît spontanément en quelques mois, deux ans maximum, mais il persiste chez 35 % des hommes adultes.

Quoi qu'il en soit, cela ne change rien à l'allure générale de la transformation du corps d'un petit garçon qui devient un jeune homme et qui peut se résumer à deux tendances : plus de muscle et moins de graisse. Ce changement se voit aussi au niveau du visage. Ce qui caractérise le visage du jeune homme par opposition à celui du petit garçon, ce n'est pas seulement la pilosité, c'est aussi la disparition des rondeurs enfantines, leur visage est plus anguleux. Chez les jeunes filles aussi, le visage perd ses rondeurs enfantines, mais il garde de la douceur. Le canon de la beauté féminine est moins éloigné de celui de la beauté enfantine, avec lequel il partage traits délicats, peau veloutée, joues roses, bouche pulpeuse, grands yeux et longs cils. Le canon de la beauté masculine est évidemment différent.

Le visage des hommes est modelé par la testostérone. Les pommettes et les mâchoires deviennent saillantes, le menton s'accentue, les arcades sourcilières se marquent, le bas du visage s'allonge. Un archétype (une caricature ?) de visage sculpté par la testostérone, c'est celui de Sylvester Stallone (le héros de *Rocky* et de *Rambo*), qui a d'ailleurs récemment reconnu prendre de la testostérone. Tous les hommes hélas ne sont pas aussi proches de l'étalon de la virilité brute, mais on remarquera quand même que, dans une bonne partie des séries télé et des films de série B, c'est-à-dire dans les productions où le jeu d'acteur est réglé à la hache, et ce quel que soit leur pays d'origine, pour exprimer la colère ou le désarroi pudique, les hommes serrent les dents, ce qui fait ressortir les muscles des côtés de la mâchoire et leur donne un air encore plus viril. Est-ce qu'on ne dit pas : « Tu es un homme, serre les dents » ? Métaphoriquement, cela veut dire ne pleure pas, ne te plains pas, mais physiquement, et visuellement, le résultat est cette nette augmentation du volume de la mâchoire.

Un autre attribut sur lequel la testostérone a une influence radicale, c'est la voix. Là encore, je ne vous apprends rien, la voix n'intervient pas directement dans la copulation et la reproduction. En revanche, elle intervient tout à fait dans les relations de séduction entre les sexes. À la puberté, la voix devient globalement plus grave. Un peu chez les filles, beaucoup chez les garçons. Jusque vers 6 ans, les voix des petits enfants sont indiscernables. À partir de 7 ans, on commence à entendre une infime différence de hauteur entre filles et garçons. Mais c'est vers 13 ans (plus ou moins au moment où poussent les premiers poils) que commence la mue. Elle dure généralement de six mois à un ou deux ans, mais peut parfois prendre plusieurs années.

Ce changement de tonalité est la conséquence du développement du larynx : ses muscles s'allongent et ses cartilages – cricoïde et thyroïde (la pomme d'Adam !) – grossissent. Mais la voix dépend aussi de la longueur et de la largeur du cou, de la capacité pulmonaire, des sinus paranasaux, et bien sûr de l'épaississement et de l'allongement des cordes vocales, autant d'éléments anatomiques qui ont un développement plus important chez les garçons que chez les filles. Chez les garçons, les cordes vocales s'allongent du tiers de leur longueur. Toutes ces transformations ont pour conséquence un changement de la fréquence de vibrations des cordes vocales. Plus les cordes vocales sont épaisses et longues, plus leur vibration est lente, et plus la voix est grave. Le résultat final dépend de la taille du larynx, elle-même fonction du taux de testostérone (les ténors auraient moins de testostérone que les basses et les barytons) et de la sensibilité des tissus du larynx à la testostérone. Chez les filles, la voix baisse de deux tons environ. Chez les garçons, la baisse est beaucoup plus spectaculaire : entre un et deux octaves. Alors que les enfants ont une voix dont la fréquence se situe entre 300 (ré3, la note ré du troisième octave) et 350 Hz (fa3), les femmes sont entre 220 (la2) et 300 Hz (ré3) et les hommes entre 125 (si1) et 150 Hz (ré2). Pour les femmes, la transition se fait en douceur. Pour les hommes, il faut de longs mois d'une voix inconfortable et incertaine, cassée, voilée, et sujette à des sautes de niveau incontrôlables, pour que l'angélique soprano d'enfant de chœur ou la perçante trompette de cour de récréation soient remplacés par un bel organe, une puissante voix de basse, de baryton ou de ténor.

Il est frappant de voir à quel point les voix masculines et féminines se différencient et prennent des caractéristiques considérées comme sexy, attirantes, séduisantes, pour porter les paroles de l'amour et de la séduction. L'imagerie cérébrale a d'ailleurs confirmé que la partie émotionnelle de la voix entendue est traitée dans la même région du cerveau que les autres sources extérieures d'émotion. Chez les hommes, ce sont les voix graves et puissantes qui sont généralement considérées comme sexy, chez les femmes, ce sont les voix ni trop graves ni trop aiguës. La voix fait partie des principaux marqueurs de la différence sexuelle, un des plus évidents et des plus immédiats. Le paradoxe est que ce marqueur est presque sans ambiguïté, mais pas totalement : étrangement, les voix voilées, celles qu'on hésite à attribuer à un homme ou une femme, ne sont pas les moins sexy. Des psychologues américains se sont amusés à montrer que les femmes étaient capables d'évaluer l'âge et la taille d'un homme en fonction de sa voix. Si la gravité de la voix est proportionnelle à la testostérone, alors la voix est aussi un indicateur de la force musculaire, du degré d'agressivité, de la quantité de poils sur la poitrine et autres attributs virils qui étaient nécessaires et suffisants pour séduire miss Cro-Magnon, mais qui n'ont bien entendu plus rien à voir avec les critères de séduction de l'espèce civilisée que nous sommes devenus. Que les hommes à voix de ténor se rassurent et que les voix de basse restent modestes, en fait, il ne s'agit sans doute pas de la quantité de testostérone, mais de la sensibilité des tissus du larynx à cette hormone.

Mais intéressons-nous maintenant plus spécifiquement aux caractères secondaires des filles.

Des seins en forme de poires puis de pommes

Chez elles, les poils du pubis commencent à apparaître quelques mois après les bourgeons mammaires, entre 11 et 12 ans. Comme chez les garçons, ils sont d'abord raides puis bouclés. En deux ans, ils prennent un aspect adulte, un triangle à base supérieure horizontale, alors que le poil pubien des garçons se prolonge par une pointe qui va jusqu'au nombril. Le poil des aisselles lui démarre douze à dix-huit mois plus tard et atteint son aspect définitif en deux ans. Les seins eux-mêmes mettent plusieurs années à se développer. Un bourgeon mammaire pointe sous la peau vers 10-11 ans, l'aréole se pigmente, le sein prend une forme de poire, puis de pomme, il aura sa taille et sa forme adultes vers 15 ans.

En plus des évidentes différences individuelles, il y a aussi de petites différences de timing selon les pays. Ainsi, le développement des seins chez les Américaines blanches et chez les Britanniques commence vers 11 ans, un an après les Turques et les Chinoises, mais, malgré tout, les âges sont remarquablement proches dans le monde entier, quelles que soient l'origine ethnique, les conditions de vie et les techniques de mesure. Par ailleurs, il faut remarquer que ces seins, permanents et développés, composés de glandes et de graisse, sont absolument spécifiques aux femelles humaines. Aucune autre espèce n'en dispose : même pas nos plus proches cousins les grands singes. La rondeur et la taille des seins féminins ne s'expliquent pas par l'allaitement. Les femelles des chimpanzés et des gorilles, même quand elles allaitent, n'ont pas de seins de cette forme, avec un tel volume et un tel contraste de couleurs.

Une exception remarquable : les seules femelles non humaines à avoir des seins sont les femelles bonobos. Leurs seins sont moins importants que chez nous, mais « des bonnets A » quand même, selon l'évaluation du primatologue Frans de Waal. Cela dit, les primatologues qui ont regardé les bonobos ont observé que ceux-ci ne font aucun attouchement des mamelons alors qu'ils se font des attouchements des parties génitales. Ce qui tendrait à prouver que la sensibilité du mamelon chez la femelle et l'attirance du mâle pour cette partie du corps féminin sont des caractéristiques spécifiquement humaines.

Dans son livre *Le Singe nu*[1] publié il y a quarante ans, l'éthologiste Desmond Morris affirmait que la raison d'être des seins humains découlait de la copulation frontale. (Ce que tendrait à confirmer l'exemple du bonobo chez qui il y a aussi coexistence des deux traits.) Les seins seraient un attribut d'auto-imitation, c'est-à-dire d'affichage d'un signal sexuel sur une zone du corps autre que la zone génitale, signal qui permet de définir le statut social et sexuel au premier coup d'œil. Les seins imiteraient les fesses de même que, chez le singe mandrill, le mâle a un pénis rouge situé entre les taches bleues du scrotum, une disposition qu'on retrouve sur son visage, avec son nez rouge vif et ses joues d'un bleu intense. L'histoire ne dit pas ce que les femelles du mandrill font des joues bleues de leurs mâles.

En fait, on pourrait dire que le corps tout entier de la femme est un caractère sexuel secondaire modelé par les hormones sexuelles. On l'a vu, alors que la puberté augmente la proportion de la masse musculaire chez le garçon, c'est le contraire chez la jeune fille. Les œstrogènes stimulent le développement de l'utérus, mais c'est tout le corps de la jeune fille qu'ils sculptent en réarrangeant la répartition de la graisse, en modelant les fesses, les hanches, les cuisses et les seins. Chez la femme adulte, la masse osseuse fait 2,7 à 3 kg, la masse

1. Desmond Morris, *Le Singe nu*, Le Livre de poche, 1971.

musculaire représente 20 à 25 % de la masse corporelle et la masse graisseuse 26 à 28 % de la masse corporelle. Les filles ont toujours eu un peu plus de graisse à tous les âges, mais cela s'accentue à la puberté : la proportion de graisse augmente régulièrement entre 8 et 18 ans et les filles prennent moins de muscle que les garçons. À 25 ans, les femmes ont deux fois plus de graisse que les hommes.

Mais bien plus que de quantité, c'est essentiellement une question de répartition et de forme. À la puberté, la taille de la fille s'affine et les hanches s'élargissent parce que les os du pelvis se développent et que la graisse se dépose sur ses hanches : ce sera une réserve d'énergie disponible en cas de grossesse. Alors que chez les hommes, les filles prépubères et les femmes ménopausées, le rapport taille/hanches se situe entre 0,80 et 0,95, chez la plupart des femmes en âge d'enfanter, il est compris entre 0,67 et 0,80. C'est la fameuse silhouette en sablier, la Barbie, la taille de guêpe/gros seins/hanches larges, le chiffre magique 90/60/90, la forme que les hommes dessinent des deux mains quand ils parlent d'une fille bien roulée à leurs copains.

Pour tester de manière vaguement scientifique ce fantasme universel, la psychologue américaine Devendra Singh a montré des images très diverses de corps de femmes à des centaines de personnes de cultures, d'âges et de sexes différents. Résultat : quelle que soit la culture à laquelle elles appartiennent (les cultures qui préfèrent les femmes minces ou celles qui les préfèrent plus rondes), toutes les personnes testées ont trouvé que les plus séduisantes étaient les femmes dont le rapport taille/hanches était de 0,70 ou moins. (Seules les femmes très très grosses et les femmes très très maigres étaient considérées comme moins séduisantes mais, commente le cognitiviste américain Steven Pinker, elles sont de fait moins fertiles.) Pour faire bonne mesure, Devendra Singh a aussi vérifié ce rapport sur les modèles de la célèbre photo en double page de *Play Boy* et sur les gagnantes des concours de beauté depuis soixante-dix ans. Le verdict est sans appel : le poids général a baissé, mais le rapport taille/hanches s'est maintenu : jamais au-dessus de 0,70. On peut même aller chercher beaucoup plus loin : les statuettes du Paléolithique, dites « callipyges » (à belles fesses) ou « stéatopyges » (à fesses grasses), ont déjà les mensurations idéales. (On signalera que, chez les hommes, ce n'est pas très différent : la santé et le statut hormonal sont théoriquement visibles au premier coup d'œil aussi. Le rapport taille/hanches doit être de 0,8 à 0,9 et le rapport taille/épaules de 0,6. Mais il semble que ce soit moins déterminant que chez la femme.)

Autrefois, pendant des millénaires, cette morphologie du corps était un signe de jeunesse, de santé, d'absence de grossesses antérieures. Aujourd'hui, les choses ont changé. Les femmes ont moins de grossesses et moins de maladies, elles sont mieux nourries et mieux soignées, elles peuvent faire du sport. Une femme mûre du XXIe siècle peut quasiment avoir le corps d'une jeune femme du Néolithique. Sans même parler des miracles accomplis par toutes les technologies de masquage et de réparation qui permettent de simuler la jeunesse : du rouge à lèvres à la chirurgie esthétique en passant par les vêtements et la gymnastique. Mais qu'importe, dans le cerveau mâle qui a assez peu changé depuis le Néolithique, ce rapport taille/hanches reste un indice subliminal de fécondité (ou plus exactement de fécondabilité) et, comme tel, il est considéré comme une marque de beauté.

Le syndrome de Gulliver

En attendant, pour les filles comme pour les garçons, la période où se réalise cette métamorphose très rapide, au moins aussi rapide et d'une certaine manière plus radicale que pendant les deux premières années de la vie, est rarement sans douleur et sans malaise. Quand un garçon ou une fille prennent 15 cm en un an, quand ils voient dans la glace un nez trop long, des hanches trop larges, un visage couvert d'acné ou des pieds disproportionnés, rien d'étonnant à ce qu'ils ressentent leur corps comme étrange, ou étranger. C'est une période où on a le sentiment de perdre le contrôle de son corps, de ses gestes et de ses émotions. Quand les limites de votre enveloppe physique bougent, que votre apparence change et vos sensations aussi, quand vous n'avez aucune idée de jusqu'où ça va vous emmener, les définitions des normes et de la normalité vacillent de manière angoissante. L'adolescence est un âge où on passe son temps à se regarder dans un miroir et à avoir une perception déformée et inquiétante de soi-même. Un peu comme Alice qui se voit devenir énorme, puis minuscule, puis tout allongée, qui se sent ridicule et très seule dans le monde absurde et incompréhensible d'*Alice au pays des merveilles* et *De l'autre côté du miroir*, les deux romans de Lewis Carroll. C'est une période où on inspecte des parties de son corps – ce nez ! ces mains ! ces fesses ! ces seins ! ce pénis ! – en s'effarant de les trouver trop grandes, trop petites, trop moches. C'est ce que les psychologues appellent la dysmorphophobie adolescente, la peur obsédante d'avoir une partie du corps laide ou anormale ou anormalement laide. À petite dose, la dysmorphophobie est une réaction compréhensible aux changements de son propre corps. À forte dose, c'est moins normal, c'est une terrible souffrance.

Objectivement, on pourrait penser que le monde est plus doux pour les adolescents d'aujourd'hui que pour leurs parents et grands-parents. On corrige les peaux boutonneuses, les yeux qui louchent, les dents de travers et les oreilles décollées, on ne leur impose plus de se déguiser ni en petits enfants ni en adultes, de toute façon, l'ensemble de la mode, y compris celle des enfants et des adultes, est devenue une mode de teenagers (jeans, tee-shirts et baskets pour tout le monde). Mais le malaise subjectif reste le même, et le regard sans pitié des teenagers sur leurs congénères aussi.

Avec la correction possible et quasi automatique de toutes les petites imperfections, il n'est pas exclu que la pression de conformité et d'obligation de séduction ait empiré.

La dysmorphophobie est parfois grave. Ce n'est pas la seule pathologie liée à la manière dont l'adolescent appréhende son corps. Ce livre n'est pas un livre sur les problèmes de l'adolescence, mais il faut quand même rappeler que c'est la période où se déclenchent des problèmes parfois très sérieux. En France, 1 à 2 % des adolescents (essentiellement des filles) souffrent d'anorexie et 7 % de boulimie. Il faut aussi parler d'un phénomène qui est un signe autant collectif qu'individuel. Depuis quelques années, de plus en plus d'Américains de moins de 18 ans font appel à la chirurgie esthétique. Les chiffres sont variables selon les sources mais, ces cinq dernières années aux États-Unis, il s'est pratiqué entre 205 000 et 300 000 opérations de chirurgie esthétique chaque année sur des jeunes âgés de 13 à 18 ans. Un chirurgien américain explique que, dans son pays en tout cas, la demande des teenagers est différente de celle des adultes. Ils veulent corriger quelque chose qui les gêne, mais ils veulent surtout être « comme les autres », rien qui dépasse, rien qui distingue, alors que les adultes veulent plutôt être « différents des autres ». Cela dit, avec la multiplication des émissions de téléréalité du genre *« I want a famous face »* (« Je veux le visage d'un people »), il y a maintenant des demandes d'un troisième type, et des chirurgiens pour accepter ça. On peut demander, et obtenir, pour autant que ça veuille dire quelque chose, la tête d'Angelina Jolie ou celle de Cameron Diaz. Heureusement, rassurez-vous, les demandes les plus fréquentes des adolescents concernent les oreilles, le nez, les seins (trop gros, trop petits, asymétriques) et les cicatrices d'acné.

On a rencontré Alice. Il y a aussi Lemuel Gulliver, le héros de Jonathan Swift, dont l'œil voit le monde comme à travers un zoom fou, flou et net et flou à nouveau, Gulliver dont le corps se dilate et rétrécit, qui se sent tour à tour énorme et minuscule, monstrueux et vulnérable, qui ne comprend rien et est incompris. Gulliver qui, de retour de Lilliput et Brobdingnag, titube dans les rues de Londres et craint d'écraser les passants. L'adolescence, c'est un peu le syndrome de Gulliver. Lavinia Greenlaw, poète et romancière anglaise, raconte que, lorsqu'elle avait 18 ans, elle était captivée par *Les Voyages de Gulliver*. Mais qu'elle n'a compris que bien plus tard que *Gulliver* était d'une certaine manière un livre qui parle de l'adolescence.

CHAPITRE 4

L'amour est-il un caractère sexuel secondaire ?

Le moment est venu de parler d'amour. On vous épargnera une étude exhaustive de l'amour, ou même de l'amour adolescent. Le sujet a déjà rempli des bibliothèques entières de littérature, de poésie et de philosophie, sans compter la psychiatrie, et a produit quelques chefs-d'œuvre éternels, à commencer par *Roméo et Juliette.* Il s'agit plutôt de continuer sur la lancée des plumes de paon et autres ornements de parade et de se demander si finalement l'amour, aussi beau et aussi unique qu'il soit, n'est pas juste un caractère sexuel secondaire parmi d'autres.

Rappelons encore une fois cette définition de la sexualité : « Rien d'autre que l'acquisition de gènes supplémentaires. » Et souvenons-nous de la définition des caractères sexuels secondaires : des traits du corps qui ont un rôle indirect dans la reproduction, parce qu'ils indiquent la maturité sexuelle (les poils axillaires), parce qu'ils permettent d'identifier chaque sexe (les seins ou la barbe), ou parce qu'ils signalent que le sujet est porteur de bons gènes et donc potentiellement un partenaire sexuel intéressant (la queue du paon et les muscles de Stallone). Tous ces traits, bien sûr, ne sont pas de même nature, mais tous servent de signaux permettant la reconnaissance et l'attraction réciproques entre partenaires sexuels potentiels.

Les singes ont inventé la libido

À partir de là, si on veut bien admettre : premièrement, que l'amour est une conséquence de la puberté, deuxièmement, que c'est un dispositif permettant de rapprocher les sexes dans le but de se reproduire. Alors, la conclusion s'impose : l'amour répond bien à la définition du caractère sexuel secondaire. Un caractère sexuel secondaire propre à une espèce – l'espèce humaine – dont la nature n'est pas faite que d'instincts et de pulsions, mais aussi d'émotions et de sentiments (ce que d'autres animaux ont dans une moindre mesure), et surtout une espèce douée de conscience à un degré unique. Disons-le encore autrement. Si on reconnaît, comme nous le dit la théorie de l'Évolution, que le but de tout organisme vivant est de propager ses gènes, on comprend pourquoi de nombreux animaux, notamment l'être humain, aiment leurs enfants, leurs parents et les membres de leur famille. Quand on aime et qu'on aide les membres de sa famille, ce sont ses propres gènes qu'on aide. Comme le dit le linguiste et cognitiviste américain Steven Pinker : « Voilà pourquoi les hommes et les femmes tombent amoureux. L'autre parent de mon enfant a autant d'enjeux génétiques dans mon enfant que moi. Si bien que ce qui est bon pour lui ou elle est bon pour moi. »

Un autre Américain qui a un point de vue intéressant, pas exactement sur l'amour mais sur la sexualité, c'est le philosophe et anthropologue Paul Shepard. Dans son livre *The Tender Carnivore and the Sacred Game*[1], après nous avoir rappelé que l'homme est un singe comme les autres, il remarque que les singes sont les seuls animaux sur Terre à avoir une sexualité partiellement déconnectée de la reproduction. Effectivement, il suffit d'aller dans un zoo et de s'asseoir un moment face au rocher des singes, tout est sous vos yeux, regardez. Les comportements d'approche, les sollicitations, les attouchements sexuels sans copulation, les relations sociales fondées sur le statut sexuel, les copulations quelle que soit la saison... ce n'est pas réservé aux humains : les babouins, les ouistitis et les bonobos en font un usage quotidien. La conséquence, c'est que tout ce sexe, tout le temps, finit par constituer une sorte de liant qui donne sa cohésion aux sociétés de singes. Et c'est vrai qu'il y a une sorte d'hypersensibilité sexuelle, on n'ose pas dire d'érotisme, inhérente à la personnalité

1. Paul Shepard, *The Tender Carnivore and the Sacred Game,* University of Georgia Press,1999.

des singes, et pas seulement des singes nus que nous sommes. On pourrait penser qu'autant d'intérêt pour le sexe conduirait à des sociétés tournées vers les activités physiques, pas du tout. Cette obsession sexuelle permanente produit au contraire des relations sociales intenses et compliquées, avec plus d'activité cérébrale – oui, on parle toujours des singes – et plus de comportements rituels que copulatoires au sens strict. Et, toujours chez les singes, l'émotion dominante est une ambivalente peur/attraction vis-à-vis des autres, qu'on sent très bien dans ces attitudes sur le qui-vive, ces mouvements d'approche prudente et de retrait à la moindre menace potentielle. Mais le plus fondamental, c'est qu'en séparant la sexualité de la reproduction, les singes ont inventé la libido, libido qui imprègne toutes les relations, y compris familiales. On ne parlera pas de l'œdipe des singes, rassurez-vous, mais une des conséquences de l'invention de la libido, c'est la sexualité des enfants et des adolescents, nous y voilà revenus.

Nous étions tombés d'accord, l'amour est un caractère sexuel secondaire. Et, comme les autres caractères sexuels secondaires, il apparaît après la puberté. Mais comment ? Sous quelle forme ? Ronald Dahl, professeur de psychiatrie à l'université de Pittsburgh et spécialiste de l'adolescence, affirme que les amours des très jeunes gens ont une intensité unique. Il raconte cette histoire d'un jeune garçon qui aperçoit une fille dans une fête. Le garçon est immédiatement séduit, il s'approche d'elle, elle commence par le repousser puis est séduite à son tour. En quelques heures, les voilà tous les deux éperdument amoureux. Deux baisers et une conversation de moins de cent mots ont suffi : ils sont totalement épris, obsédés par la pensée l'un de l'autre. Alors qu'ils ne se connaissent pas depuis quatre jours et malgré d'incroyables obstacles, ils se rencontrent lors de rendez-vous clandestins, prêts à mettre leur vie en jeu, toute rationalité et toute logique évanouies. Si on appliquait les critères habituels de la psychiatrie, remarque Dahl, on diagnostiquerait un sérieux problème mental. Sauf que l'histoire de Roméo et Juliette, puisque c'est d'eux qu'il s'agit, émeut le monde entier depuis des siècles. Sans doute parce que chacun s'y reconnaît, parce qu'il y a une empathie universelle pour cette intensité de sentiment et ce potentiel tragique. Dans la version initiale de la pièce, écrite par Luigi da Porto en 1535, Juliette avait 18 ans. En 1595, Shakespeare invente une Juliette de 13 ans et un Roméo de 17 ans, encore plus jeunes.

Cette œuvre littéraire et d'autres, moins célèbres mais encore plus anciennes – *Floire et Blancheflor* (XIIe siècle), *Aucassin et Nicolette* (XIIe siècle) –, nous le montrent clairement : cela fait des siècles que la société occidentale a conscience des bouleversements émotionnels de l'adolescence et de son aptitude à la passion. Mais cela fait à peine cent ans que les anthropologues ont commencé à s'interroger sur la nature des premières amours et sur l'universalité de la crise d'adolescence. Vers 1915, le fondateur de l'anthropologie moderne, Bronislaw

Malinowski, était allé aux îles Trobriand en Mélanésie et avait tenté d'y voir clair. Dix ans plus tard, en 1925, la grande anthropologue américaine Margaret Mead, après un séjour à Samoa (Polynésie) à l'âge encore très tendre de 24 ans, avait écrit son célèbre ouvrage *Adolescence à Samoa*. En 1925, l'université américaine était en plein dans le débat nature/culture. Comme on s'interrogeait sur la « crise de l'adolescence dans la société occidentale » – est-elle « naturelle » ou liée à l'éducation ? –, Mead était allée voir comment se passait l'adolescence dans une société dite primitive. Elle était partie avec un objectif : démontrer que l'adolescence polynésienne était harmonieuse et que c'était le résultat d'une société non répressive. Résultat, son livre est construit autour d'une idée centrale : il règne à Samoa une totale liberté sexuelle. « L'amour sexuel est pour les Samoans un domaine familier, qui doit être traité comme un art. » Société idyllique, ou plutôt vision idyllique. En fait, explique Serge Tcherkezoff, spécialiste de la Polynésie, « il n'est pas vrai que les jeunes soient libres de tout ». Si Margaret Mead l'a cru, c'est qu'elle a été menée en bateau par ses informateurs, mais aussi que ça allait dans le sens de ce qu'elle recherchait.

Autant dire que, aussi passionnants que soient les travaux de Mead et de Malinowski, ils ne nous ont pas beaucoup éclairés sur le chapitre des amours adolescentes. Laissons pour le moment l'anthropologie de côté et tentons de nouvelles voies d'accès.

Premier amour, première rupture

Pour commencer, les amours adolescentes sont-elles différentes de celles vécues plus tard dans la vie ? Si on en croit l'observation ordinaire et quelques enquêtes sociologiques, elles ont l'air d'avoir une durée de vie plus courte : trois ou quatre mois en moyenne à l'âge de 15 ans. Même si certaines études montrent l'apparition, depuis plusieurs années en France, de couples d'adolescents qui ont des caractéristiques particulières : leur constitution, leur évolution et leur rupture, souvent brutale. Mais nous y reviendrons plus tard, en attendant, il semble que les amours adolescentes soient plus intenses que les autres : le premier amour serait une des plus fortes expériences de la vie.

Les neurobiologistes qui ont regardé ce qui se passait dans le cerveau d'adolescents amoureux affirment que le plaisir est si intense qu'il est semblable à celui causé par la cocaïne. Lucy Vincent est une neurobiologiste qui a beaucoup travaillé sur l'amour, elle a publié plusieurs livres grand public sur le sujet. « Le grand but biologique de notre vie, écrit-elle, est la reproduction et il faut être deux pour y arriver… Non seulement le coup de foudre existe, mais il est programmé dans nos cerveaux et il enclenche une série de modifications neuronales qui bousculent nos comportements ultérieurs et qui forment l'amour[1]. » Pour que l'amour

1. Lucy Vincent, *Comment devient-on amoureux ?*, Odile Jacob, 2006.

puisse naître, il faut que le cerveau ait été préparé. On verra plus loin les étonnantes transformations du cerveau à l'adolescence. Contentons-nous pour le moment d'entrevoir ce qui se passe quand les hormones sexuelles inondent le cerveau. À la puberté on l'a vu, testicules et ovaires se mettent à déverser la testostérone et les œstrogènes dans la circulation sanguine. À ces hormones sexuelles, il s'en ajoute d'autres, les hormones surrénales. Toutes sont très actives sur le cerveau et elles agissent en particulier sur le système limbique, une région du cerveau qui est considérée comme le « centre des émotions ». Elles agissent aussi sur les neuro-modulateurs, des molécules produites dans le cerveau et qui ont notamment un effet sur la régulation de l'humeur. Parmi les neuro-modulateurs particulièrement visés par les hormones sexuelles : la sérotonine qui contribue à la régulation de l'humeur, de l'appétit et de la douleur ; et la dopamine qui active normalement un circuit appelé système de récompense ou de plaisir et est associée au sentiment de bien-être.

À la puberté, explique l'Américain Jay Giedd, chercheur en pédopsychiatrie et neurosciences du NIMH (Institut national de la santé mentale) aux États-Unis, ce n'est pas que la testostérone et les œstrogènes changent la structure du cerveau, mais plutôt que certains niveaux d'hormones déclenchent des interrupteurs neurologiques qui, à leur tour, ont d'importantes conséquences sur l'intérêt sexuel et l'humeur. Comme le dit son collègue Ronald Dahl, il est très probable que l'action de ces hormones sur le cerveau explique la tendance des adolescents à rechercher les situations qui apportent émotions et passions. On voit à la fois des sentiments qui deviennent très vite très intenses et une motivation accrue à rechercher le plaisir. Cette action sur les réseaux cérébraux de motivation et d'émotion expliquerait certaines constantes de l'adolescence : brusques changements d'humeur, tendance à se mettre en danger, risque accru de troubles affectifs (en particulier la dépression chez les filles). Nous y reviendrons plus tard. Ce qui nous intéresse ici, c'est surtout cet accroissement très nouveau et très marqué des intérêts sexuels et amoureux et tout simplement de la libido. Avec un point de départ assez basique : quand la testostérone atteint un certain niveau, les adolescents se mettent à penser au sexe, et rien qu'au sexe.

Une des particularités de cette période, c'est la facilité avec laquelle on tombe amoureux. Si les adolescents tombent souvent amoureux, c'est notamment parce qu'ils vivent en permanence dans des montagnes russes d'émotions. Dans les premières années qui suivent la puberté, les filles et les garçons ont un corps sexuellement mûr et des circuits cérébraux sexuellement activés. Mais, explique l'anthropologue Helen Fisher de l'université Rutgers, leur système de régulation et de contrôle des affects et des impulsions est encore immature. Il est en effet installé dans une zone du cerveau, le cortex préfrontal, qui est encore en travaux à cette période de la vie. D'où la flamboyance des passions adolescentes dans toutes les cultures et tous les pays, même la Suisse, où des chercheurs de l'université de Bâle se sont récemment intéressés au sujet. Ils ont demandé à 113 garçons et filles âgés d'environ 17 ans de remplir un questionnaire sur leurs humeurs et leurs états d'âme. Sur les 113 jeunes gens, 65 ont déclaré être récemment tombés amoureux. Les jeunes amoureux avaient des comportements ressemblant à ce que les psychiatres appellent hypomanie : ils dormaient moins que les autres (une heure en moyenne) et agissaient souvent de manière compulsive, 60 % disant dépenser trop d'argent (contre 30 % des non amoureux). Ils disaient aussi avoir beaucoup d'idées et d'énergie créatrice, mais se sentaient aussi plus susceptibles de conduire vite et de prendre des risques sur la route. Conclusion des psychiatres suisses : cette facilité à se mettre en état hypomaniaque montre que c'est un âge prompt à la psychopathologie. Voilà qui laisse perplexe. On ne sait pas comment ça se passe en Suisse mais, globalement, dans le reste du monde, est-ce qu'un adulte passionnément amoureux n'est pas dans le même état pathologique ? Est-ce que le langage de la passion amoureuse (raide dingue, fou d'elle, perdre la tête, manque, obsession, dépendance) ne parle pas de folie et d'addiction ? Est-ce que tout adulte, quel que soit son âge, n'a pas l'impression d'avoir à nouveau 15 ans, dans ses sentiments comme dans son comportement, quand il tombe amoureux ?

Du Loft au syndrome de Stockholm

Quant à la question de savoir pourquoi les adolescents tombent plus souvent amoureux, on peut tenter une hypothèse. Si on en croit Ronald Dahl, les adolescents vivent dans un état quasi permanent de tension, d'excitation et de recherche de risque. Or les biologistes, aussi bien que les sociologues et les psychologues, savent que les hommes et les femmes tombent plus facilement amoureux lorsqu'ils sont déjà dans un état physique d'excitation ou de stress. Juste deux exemples. Le « syndrome de Stockholm », qui décrit le fait maintenant bien connu que, lors des enlèvements, les otages ont tendance à tomber amoureux de leurs ravisseurs. Et les émissions de téléréalité du type « Le Loft », où toutes les amourettes ne sont pas simulées ou mises en scène, certaines sont vraies, et quasi instantanées. On pourrait se demander comment il est possible qu'une fille tombe amoureuse, précisément, d'un des cinq garçons avec qui elle est enfermée. La réponse, c'est que, précisément, elle est enfermée, sous l'œil des caméras et de millions de spectateurs, et dans une ambiance de compétition féroce. Une situation exceptionnelle qui crée un état exceptionnel de stress et d'excitation : tout est réuni pour qu'un coup de foudre se déclenche.

Une autre piste est celle des phéromones. Autant le dire tout de suite, ce ne sont que des hypothèses, que dis-je, même pas, des conjectures, mais faisons le point.

On a souvent dit que les phéromones étaient les odeurs de la séduction ou de l'amour. En réalité, ce sont des molécules chimiques volatiles, comme les odeurs, qui sont émises par un organisme et qui peuvent être perçues par les individus d'une même espèce. On en connaît chez les insectes et les mammifères, y compris les singes. Une phéromone, c'est comme une odeur sans odeur, elle n'est pas sentie par le nez mais, chez les singes notamment, elle est perçue par les capteurs de l'organe voméro-nasal, une petite structure située au fond des fosses nasales, puis traitée par le cerveau. Chez de nombreuses espèces, les phéromones servent à la reconnaissance entre membres de la même famille, ou pour la mise en place du lien mère/enfant, chez la brebis et l'agneau par exemple. Et bien sûr, elle joue dans l'attraction entre mâles et femelles. Chez les humains, on n'a strictement aucune preuve de l'existence de l'organe voméro-nasal, et pas plus des phéromones, mais une chose est sûre, on adorerait que ça existe, on adore cette idée d'un effluve magique qui attire les hommes vers les femmes, et vice versa, de façon irrésistible, sans même qu'ils en aient conscience.

Les scientifiques en sont donc encore à chercher l'existence des phéromones humaines mais les hypothèses sont déjà très élaborées. L'idée, qui n'est pas encore prouvée mais qui n'a rien d'invraisemblable, c'est que ces phéromones seraient présentes dans la transpiration ou dans le sébum (qu'on trouve dans les cheveux et le cou, sur le visage et la lèvre supérieure en particulier), mélangées aux molécules odorantes. Elles seraient inhalées lors de contacts rapprochés et déclencheraient, ou amplifieraient, alors le désir entre humains pubères. Dont les adolescents. Avec cette particularité qu'à l'adolescence, il y a, souvenez-vous, déclenchement de la sécrétion d'un certain type de glandes sudoripares, les glandes apocrines sous l'effet du stress ou d'une stimulation sexuelle. Or on sait que cette sécrétion est particulièrement forte au moment de l'adolescence. On pourrait donc imaginer que, pour les phéromones aussi, la sécrétion serait plus forte à la puberté. Ce qui serait alors une autre cause de la grande inflammabilité des cœurs et des corps adolescents, ou plutôt, de leur grande capacité à enflammer les cœurs et les corps.

Bien sûr, on est toujours sur un fil quand on aborde ces sujets et qu'on a l'air de réduire les sentiments les plus beaux et les plus ineffables qu'un être humain puisse éprouver à une réaction chimique de base. On est bien conscient du danger réductionniste, et on partage absolument l'interrogation du neurobiologiste Jean-Didier Vincent quand il se demande : « Comment sortir du piège réductionniste et comprendre les relations entre le neural et le psychique ? » Mais ce n'est certainement pas en faisant comme si nous étions de purs esprits qu'on échappera au piège. C'est justement parce que nous sommes d'abord des corps et des cerveaux qu'il est extraordinaire de voir à quel niveau d'autonomie et de diversification par rapport à un programme génétique, et à quel sublime degré d'abstraction, de beauté et d'invention spirituelle, affective, morale, l'esprit humain peut s'élever. Et, encore une fois, une explication matérialiste de l'esprit n'est pas incompatible avec les autres niveaux d'explication.

Une illustration de l'inévitable rapport entre l'ineffable et le plus crûment biologique est donnée par Jean-Didier Vincent dans son livre, *Voyage extraordinaire au centre du cerveau*[1]. Il y raconte l'histoire d'Héloïse et Abélard, les célèbres amants du XIIe siècle, et nous fait lire quelques lignes des lettres brûlantes qu'ils ont échangées. Au début de leur liaison, amoureux passionné, Abélard se dépeint face à Héloïse comme « celui pour qui il n'est aucune lumière sans toi ». Quelques années plus tard, alors qu'il a été châtré, les deux amants ont été séparés mais continuent à s'écrire. Chez Héloïse la passion est toujours vivante. Pas chez Abélard. Après ce que Jean-Didier Vincent décrit comme une « déchirure du pacte hormonal », voilà que les réponses d'Abélard sont terrifiantes de froideur et de distance, « il expose à Héloïse à grand renfort de citations pédantes qu'il ne peut lui être d'aucun secours et que la providence divine suffira à pourvoir à ses besoins ». Si Abélard avait été un rat de laboratoire, écrit Jean-Didier Vincent, « un chercheur n'aurait eu aucune difficulté à trouver la cause de la disparition du désir sexuel chez cet amant jadis passionnément épris ».

1. Jean-Didier Vincent, *Voyage extraordinaire au centre du cerveau*, Odile Jacob, 2007.

L'hormone de l'intimité

La testostérone n'est pas la seule hormone qui pousse les amants l'un vers l'autre, il y a aussi l'ocytocine. Dans un livre intitulé *Les Secrets du cerveau féminin*[1] et récemment publié en France, Louann Brizendine, professeur de neuropsychiatrie à l'université de San Francisco, explique que, chez les filles, à partir de la puberté, l'afflux d'œstrogènes augmente considérablement la sécrétion d'ocytocine. (À vrai dire, la puberté a à peu près le même effet chez les garçons.) Louann Brizendine appelle l'ocytocine « hormone de l'intimité », à la fois parce que sa sécrétion est déclenchée par une relation intime, mais aussi que, une fois présente dans le cerveau, elle renforce l'intimité de cette relation. L'ocytocine, qui est aussi appelée « hormone de l'attachement », est encore une de ces hormones produites dans le cerveau. Elle est sécrétée dans le cerveau de la mère qui allaite son enfant, mais il suffit parfois qu'une mère voie son bébé pour que la sécrétion soit déclenchée. Symétriquement, elle est sécrétée dans le cerveau d'un bébé qui tète. Pour tout comprendre de cette molécule assez étonnante, sachez que le troisième nom de l'ocytocine est « hormone de la confiance ». De manière assez extraordinaire, on s'est aperçu qu'elle était sécrétée dans le cerveau de deux personnes entre lesquelles s'établissaient des relations de confiance. Pas

1. Louann Brizendine, *Les Secrets du cerveau féminin*, Grasset, 2008.

seulement des relations d'ordre intime, comme entre la mère et l'enfant, mais aussi des relations amicales et même des relations de travail. Il semble qu'il ne puisse y avoir de relations durables de confiance, dans l'amitié comme dans le business, que s'il y a production d'ocytocine. Il y a quelques années, des scientifiques suisses de Zurich ont fait une expérience où ils demandaient à des étudiants de réaliser des transactions financières qui impliquaient une grande confiance dans un partenaire. À cent étudiants, ils ont appliqué un spray nasal d'ocytocine et à cent autres un spray de placebo. Résultat : il y avait chez ceux qui avaient reçu le spray d'ocytocine une bien plus grande capacité à faire confiance à l'autre. Deuxième expérience plus récente, en deux temps. Premier temps : les cobayes sont mis dans une situation où leur confiance est trahie à plusieurs reprises. Deuxième temps, spray nasal. Résultat : les cobayes qui recevaient le placebo enlevaient leur confiance au traître, alors que ceux qui recevaient l'ocytocine maintenaient leur confiance malgré la trahison. Troublant. Et potentiellement effrayant...

Hors laboratoire, dans la vraie vie, il y a une autre situation où l'ocytocine (en compagnie de la dopamine) inonde le cerveau, c'est lorsque deux amants font l'amour, et en particulier pendant l'orgasme, ce qui signifie que faire l'amour crée de l'attachement et que faire l'amour régulièrement entretient le lien. Il est d'ailleurs très probable, remarque la biologiste Lucy Vincent, qu'un baiser, une caresse ou même une conversation entre amants suffise à libérer de l'ocytocine, ce qui a pour effet de réduire l'anxiété. En fait, l'ocytocine est une espèce d'antistress. En situation de stress, le corps réagit à l'irrigation par l'adrénaline et le cortisol : le cœur bat plus vite et plus fort, la respiration s'accélère, la tension s'élève, les glucides sont libérés dans le sang, le système immunitaire est affaibli. À l'inverse, avec l'ocytocine, le corps ressent un bien-être immédiat et durable : le rythme cardiaque est ralenti et le système immunitaire dopé. On disait plus haut que, bien que les amours adolescentes soient généralement de courte durée, on voyait aussi depuis quelques années la naissance de couples de très jeunes gens qui avaient tendance à durer. Lucy Vincent a une hypothèse : c'est peut-être, dit-elle, que ces très jeunes couples qui ont la liberté d'avoir des relations sexuelles plus facilement et plus régulièrement que naguère peuvent entretenir leur production d'ocytocine et donc maintenir un lien durable.

L'Américaine Louann Brizendine qui s'est intéressée aux premiers instants d'une relation affirme – « c'est prouvé scientifiquement » – qu'il ne faut pas plus de vingt secondes au cerveau d'une femme pour se mettre à produire de l'ocytocine après qu'un homme l'a prise dans ses bras. Son conseil : « Ne laissez pas un homme vous prendre dans ses bras à moins que vous n'ayez l'intention de lui faire confiance. » Et elle ajoute : « Et si c'est le cas, assurez-vous alors que l'étreinte dure au moins vingt secondes. »

CHAPITRE 5

Le goût du risque (1) : un cerveau en chantier

Il défie Goliath.

Il saute d'une falaise dans la mer.

Il commet un attentat-suicide.

Il conduit une moto comme s'il était immortel.

Il vole dans un magasin, il s'explose les tympans en écoutant de la musique, il se bat pour renverser une dictature, il craque le code du Pentagone, il gobe des psychotropes comme si c'était des bonbons Haribo, il insulte un flic, il descend une piste noire sans savoir skier, il se jette à l'eau pour sauver un enfant, il se délecte de films d'horreur, il descend une bouteille de vodka, il enchaîne les grands huit dans les parcs d'attractions, il se cache dans le train d'atterrissage d'un avion, il se bat à la sortie d'un bar, il est trader dans une salle de marché, il vandalise un cimetière, il marche sur une glissière d'autoroute…

Nous avons quitté notre teenager aux prises avec les affres, les délices et les tourments de l'amour, le corps et la tête secoués par les tempêtes hormonales. Hélas, nous n'avons pas encore atteint l'œil du cyclone. Parce qu'un autre de ses traits distinctifs, c'est une attirance irrésistible pour l'intensité, l'excitation et le risque en général. L'absence ou l'excès de ces ingrédients dans sa vie le met dans une centrifugeuse à mouvement perpétuel dont il sort tour à tour enthousiaste, mort d'ennui, inspiré, effondré, impulsif, bouillonnant d'énergie, amorphe, provocateur, vulnérable, fou furieux, il a des états d'âme, il se prend pour un génie, ou pour un rebelle, il a le blues, il est lunatique, il est fatigué, il est fatigant.

Les adolescents ont tendance à aimer la musique très forte, à tester sans retenue les substances (légales ou non) qui modifient l'humeur et la conscience, à avoir un appétit immodéré pour l'aventure, le risque, la nouveauté, à être impulsifs, à aimer les expériences à haute teneur en stimulation sensorielle ou affective, quelle que soit leur valeur morale ou intellectuelle. Arrivés là, vous vous dites : qu'est-ce que c'est que cette histoire de risque, est-ce que ça n'est pas totalement contradictoire avec cet adolescent endormi et vautré que nous avons rencontré un peu plus tôt ? Eh bien non, ça n'est pas contradictoire : l'observation et l'expérience nous apprennent que l'adolescent peut être et endormi, et vautré, et fasciné par le risque. Comment est-ce possible ? C'est ce que nous allons essayer de comprendre. En attendant, finissons l'état des lieux.

Un risque ressenti de manière violente et jouissive

On pourrait définir l'adolescence comme la période de la vie où on prend des risques qui ne sont pas les risques inconscients et relativement limités de l'enfant. Ni les risques conscients et calculés de l'adulte. Ce sont des risques élevés, non calculés, non évalués, mais physiquement ressentis, de manière violente et jouissive, avec un plaisir inséparable de la sensation de compulsion et de peur. Comme si la mort ne pouvait pas être une conséquence de ses actes, ou en tout cas pas une mort qu'on se représente, d'où les conduites dites suicidaires.

Toutes les expériences énumérées plus haut ont en commun de faire monter l'adrénaline et la tension, d'accélérer les battements du cœur et de donner le sentiment de vivre plus fort, quel que soit le prix à payer. Foncer en voiture vers le bord d'une falaise, comme James Dean dans *La Fureur de vivre*, tuer gratuitement comme dans *Tueurs nés*, utiliser le skate comme instrument de rébellion comme dans *Les Seigneurs de Dog Town*, violer les interdits, la loi, la morale, risquer la prison ou la mort, jouer au « torero » (attendre, debout ou allongé, sur une voie ferrée qu'un train approche, et partir au dernier moment) ou juste taguer les murs du commissariat de police, tout cela relève d'un même continuum : les situations qui déclenchent une décharge d'adrénaline. L'idée est de trouver de l'excitation en prenant des risques, en testant les limites, les siennes et celles des autres. D'où l'inanité du « sois raisonnable » que les adultes ne peuvent s'empêcher d'adresser aux plus jeunes. Et, même si chacune de ces expériences peut évidemment avoir d'autres motivations, politiques ou sociales par exemple ; même si elles jouent avec la possibilité de la mort ; même si les jeux vidéo en réseau toutes les nuits jusqu'à quatre heures du matin peuvent aussi servir à remplir le vide d'un état dépressif ou à éviter la vraie vie et les vrais contacts avec les autres. Même si tout ça existe, la recherche d'excitation reste une des explications de ces conduites.

Par ailleurs, il semble que la prise excessive de risques – tous les risques mais surtout les risques physiques – soit plus marquée chez les garçons, de même que les garçons y vont plus fort dans les excès d'alcool et de haschisch, alors que les filles ont plus souvent une consommation élevée de tabac et de psychotropes achetés en pharmacie. Elles ont aussi plus tendance à manifester leur impulsivité par des paroles ou des comportements qu'on qualifie habituellement d'effrontés ou insolents. Elles sont aussi plus souvent déprimées. Alors que la dépression est rare chez les petites filles, elle augmente très nettement à l'adolescence. Une étude faite sur les adolescents de Caroline du Nord par l'anthropologue Carol Worthman (université d'Emory aux États-Unis) a montré de manière assez précise que, à partir de la mi-puberté (en général vers

13 ans, mais c'est la présence des hormones sexuelles qui est déterminante, pas l'âge), la fréquence de la dépression chez les filles est multipliée par trois. Chez les garçons au contraire, qui sont plus fréquemment déprimés pendant l'enfance, la mi-puberté marque une nette réduction de cette fréquence. Ce qui tendrait à montrer que la dépression est en partie liée à l'effet des hormones sexuelles sur le cerveau.

Cela dit, la plupart des adolescents font à un moment ou à un autre des choses risquées, dangereuses ou mauvaises pour leur santé, éventuellement antisociales ou illégales, mais pas forcément. En Grande-Bretagne, les statistiques montrent que, chez les garçons, les comportements illégaux démarrent à l'âge de 13 ans, atteignent un pic à 17 ans, puis diminuent pour disparaître presque complètement à l'âge adulte. Il existe assez peu d'adolescents parfaitement civilisés, mais être parfaitement civilisé n'est pas forcément bon signe quand on a 15 ans.

Lorsqu'on parle du rapport à la loi et aux règles sociales, on parle de choses assez diverses. Certaines conduites sont culottées, d'autres sont déconseillées, réprouvées, interdites, réputées dangereuses ou risquées sans être illégales, d'autres sont illégales sans être dangereuses, d'autres encore sont à la fois illégales et dangereuses. Qu'une action soit illégale est sans doute secondaire dans la plupart des conduites de recherche de risque, mais l'illégalité peut ajouter de l'intensité. Par ailleurs, toutes ces conduites n'ont pas le même statut, certaines sont anodines, d'autres graves ou déterminantes, et il est évident que, selon le moment ou le point de vue, une même action peut changer de valeur, le meilleur exemple étant le couple résistance/terrorisme. Juste pour se représenter la relativité des interdits sociaux (mais pas des interdits moraux), on terminera par une petite liste des actions qui sont déconseillées ou objet de honte sociale ou illégales quand on est un teenager et qu'on vit aux États-Unis. Elles ont en commun d'être réunies, dans la presse scientifique comme dans la presse féminine américaine, sous le qualificatif de « conduites à risque » et comprennent les relations sexuelles non protégées, les grossesses de teenagers, les fugues, la consommation de tabac, la consommation de marijuana et le *binge drinking* (une expression qu'on pourrait traduire par « cuite express »). Pour le contexte, précisons qu'aux États-Unis, l'âge minimum légal est de 16 ans pour conduire une voiture et pour détenir une arme à feu (dans certains États), 18 ans pour voter et s'engager dans l'armée, 21 ans pour consommer de l'alcool et 25 ans pour louer une voiture. À examiner cette liste, on se fait deux réflexions : les sociétés française et américaine ne posent pas exactement le même regard sur ces conduites ; on n'a pas le sentiment d'une cohérence absolue entre ce qui est moral et ce qui est légal.

Laissons donc de côté cet aspect de l'histoire et intéressons-nous à la question de savoir ce que ces comportements disent des relations entre soi et soi-même, entre ce qu'on veut faire et ce qu'on peut faire, entre l'impulsion et le contrôle. Comment autant de vulnérabilité peut-elle coexister avec autant de potentiel ? Comment peut-il y avoir autant d'immaturité dans le comportement de quelqu'un dont le cerveau est à maturité ? À moins qu'il ne soit pas à maturité justement.

Il y a quelques années, les biologistes ont découvert que le cerveau était programmé pour être réinitialisé à l'adolescence et que deux systèmes en particulier, ceux impliqués dans les émotions et dans la motivation, étaient largement mis à jour à ce moment-là. Aller voir ce qui se passe dans le cerveau pour comprendre la spécificité de l'adolescence ne veut pas dire que tout tient dans une explication biologique, et encore moins génétique. Mais le développement programmé du cerveau a forcément un rôle dans le déroulement de l'adolescence. Et réciproquement, l'expérience et la vie modifient le câblage et la chimie du cerveau. Par ailleurs, souvenons-nous qu'en à peine plus d'un siècle, à cause du double effet d'une puberté plus précoce et d'une maturité sociale plus tardive, l'adolescence est passée d'une durée comprise entre deux et quatre ans à une durée comprise entre huit et quinze ans. Ce changement peut difficilement ne pas avoir de conséquences sur le développement du cerveau.

Travaux en cours

Pendant longtemps, cela a été une évidence, les émotions intenses, la psyché hautement inflammable et le comportement impulsif des jeunes gens et des jeunes filles étaient une conséquence directe de l'arrosage du cerveau par une douche continue d'hormones sexuelles. Autant le dire tout de suite : on se trompait. Effectivement, on l'a vu dans le chapitre précédent, le bouleversement hormonal de la puberté est la cause directe de l'intérêt sexuel, des comportements de séduction et d'accouplement, mais ça n'est qu'une partie de l'histoire. Il se produit au début de la puberté des changements dans le cerveau qui déclenchent les hormones sexuelles qui à leur tour arrosent le cerveau, mais une partie des changements dans le cerveau est totalement indépendante de ces modifications hormonales. On en a la preuve avec les adolescents qui ont des problèmes de retard ou d'absence de puberté, et qui ont pourtant le même développement et les mêmes modifications du comportement que les autres. Un exemple : les capacités à planifier et à comprendre les conséquences à long terme de ses actes sont liées à l'âge et indépendantes de la puberté. Mais si ce ne sont pas les hormones, qu'est-ce que c'est ?

Il y a dix ans encore, les neurobiologistes pensaient que le cerveau évoluait énormément pendant les deux premières années de la vie, qu'il restait encore très plastique pendant quelques années, mais que tout était installé à la puberté et que chacun des quelque 100 milliards de neurones était à sa place. Et de fait, le cerveau atteint 95 % de sa taille adulte à 6 ans (et 100 % à 11 ans et demi pour les filles, 14 ans et demi pour les garçons). Cela a donc été une vraie surprise quand, il y a quelques années, on s'est aperçu qu'il y avait une reprise du chantier à l'adolescence et que ces derniers travaux dérangeaient momentanément des systèmes qui fonctionnaient bien chez l'enfant. Au lieu d'un passage en douceur de l'enfance à l'âge adulte, on a l'impression d'une désorganisation du cerveau post-pubère. Voilà qui expliquerait les bizarreries de l'adolescence par opposition à la fraîcheur et la grâce de l'enfance d'un côté, à la grande sagesse de la maturité de l'autre. Le désordre n'est pas mauvais en soi. Un système en déséquilibre est aussi un système ouvert qui permet de changer sa relation au monde et aux autres. Mais un adolescent est comme un crabe qui vient de perdre sa carapace et qui n'a pas encore formé la suivante : il est dans un état d'extrême vulnérabilité, et ce n'est sans doute pas un hasard si les problèmes de dépression, d'anorexie, de toxicomanie ou de schizophrénie sont plus fréquents à cette période. Reste à comprendre ce qui se passe précisément lors de cette phase de mise à jour du cerveau.

Connexions et élagage

Le neuropsychiatre américain Jay Giedd, chercheur au NIH (Institut national de la santé), est un de ceux qui ont le plus travaillé sur la question. Depuis quelques années, remarque-t-il, des techniques d'imagerie médicale comme l'IRM (imagerie à résonance magnétique, qui permet de voir les zones activées du cerveau) ont mis en évidence des modifications très nettes dans les régions du cerveau adolescent intervenant dans la prise de décision et le contrôle du comportement : il y a élimination des connexions superflues entre les neurones. (Bien sûr, il s'agit d'une déduction : l'IRM permet de voir des *zones* du cerveau, pas les neurones eux-mêmes.) Pour faire comprendre ce qui se passe dans le cerveau pendant cette période, Jay Giedd aime utiliser la métaphore de la sculpture et de la statue. À la puberté, dit-il, « on part d'un bloc de marbre. L'art consiste à éliminer des morceaux pour dégager une forme. Le plus gros n'est pas forcément le meilleur, sinon nous serions au top de nos capacités autour de 12 ans. » En fait, cette sculpture se fait neurone par neurone, comme par désherbage ou élagage. Dès le stade embryonnaire et jusqu'à la fin de l'enfance, le programme génétique commande la mise en place de l'architecture du cerveau, des grands réseaux, des grandes zones d'activité. Ensuite, l'expérience et la vie affinent ce plan et font que, au fil des années, chaque cerveau est modelé par son interaction avec l'environnement, ce qui se traduit par la mise en place de milliers de réseaux de neurones.

À la naissance, chacun d'entre nous a son stock maximum de neurones (en fait, nous avons déjà commencé à en perdre dès le sixième mois de vie intra-utérine), il n'en poussera plus (sauf dans l'hippocampe, une petite formation impliquée dans la mémoire). Ce qui ne veut pas dire qu'il n'y aura pas de nouvelles connexions, au contraire. Chaque neurone est relié à ses voisins par en moyenne 10 000 connexions, des connexions qu'on appelle synapses et qui dépendent de ce qui se passe dans la vie : les apprentissages, les expériences et les relations. À l'adolescence, changement de rythme : il se produit une vague massive de prolifération des synapses, suivie d'une phase massive d'élagage. Le processus commence à la fin de l'enfance ; le maximum de synapses est atteint chez les filles vers 11 ans et chez les garçons vers 12 ans et demi. Cette prolifération se traduit par une augmentation de la matière grise du cerveau. Puis commence le nouvel élagage : la matière grise est éliminée à un rythme de 0,7 % par an. L'élagage se termine après la fin de l'adolescence, vers 25 ans, 30 ans même pour certaines parties comme le cortex frontal. Cette accélération de l'élagage à l'adolescence ne peut avoir qu'un sens, c'est le résultat d'un *use it or loose it* (« tu l'utilises ou tu le perds »), comme dit Giedd. Le cerveau commence à faire des choix. Les cellules et les connexions régulièrement utilisées sont gardées, les autres sont éliminées, ce qui a pour effet de rendre les réseaux plus efficaces, que les connexions utilisées soient celles qui permettent de jouer du piano, de résoudre des problèmes de maths, de rentrer des paniers au basket ou d'atomiser ses copains aux jeux en ligne. Commentaire et mise en garde de Giedd : ce serait dommage de se tromper de choix, c'est peut-être le moment de mettre la pédale douce sur les jeux en ligne et de s'intéresser un peu plus à des choses qui pourraient être utiles plus tard. Ses collègues sont moins catégoriques : oui, l'hypothèse semble relever du bon sens mais, pour le moment, rien ne permet de la confirmer.

Cela dit, que les parents des garçons qui passent leur vie devant les jeux vidéo ne se désespèrent pas totalement : une chercheuse de l'université américaine de Rochester a montré que les ados qui avaient passé des heures devant des jeux du type *Medal of Honor* avaient amélioré leur attention visuelle, même en dehors de ce jeu.

Myéline : l'accélérateur des neurones

L'autre modification au niveau des neurones concerne la myéline. On a vu que la matière grise était éliminée à un rythme de 0,7 % par an. Mais le cerveau est aussi composé de matière blanche et, pendant ce temps, cette matière blanche gagne du terrain. Ce qu'on appelle matière blanche, c'est la gaine qui entoure l'axone (la longue excroissance du neurone, comme la ficelle d'un cerf-volant, qui va se connecter à d'autres neurones). Cette gaine est faite de myéline, une protéine de couleur blanche, et elle est comme le caoutchouc autour d'un fil électrique : elle a un rôle d'isolant et permet d'accélérer (jusqu'à 100 fois plus vite) le signal électrique qui circule dans les neurones. En fait, on le sait maintenant, la myélinisation ne s'arrête pas à la fin de l'adolescence. La gaine continue de s'épaissir comme les cernes d'un tronc d'arbre pendant les années de la trentaine et de la quarantaine, elle atteint son maximum vers 50 ans. Il semble par ailleurs qu'il y ait un décalage filles/garçons dans les zones qui régulent le jugement et l'impulsivité : le retard de myélinisation des garçons n'est pas rattrapé avant 30 ans. Ce que tend à confirmer l'observation : les filles arrêtent d'être insolentes bien avant que les garçons arrêtent de se battre à la sortie des bars, et les jeunes conductrices ont bien moins d'accidents que les jeunes conducteurs, comme le savent les compagnies d'assurances qui, jusqu'en 2008, demandaient des primes moins élevées aux jeunes filles qu'aux jeunes gens. Depuis, cette distinction est interdite, parce que considérée comme discriminatoire.

Certains biologistes font remarquer que la diminution apparente de matière grise n'est peut-être pas due à l'élagage des connexions mais plutôt à l'augmentation de la matière blanche. En fait, il est probable que les deux soient concomitantes. Quoi qu'il en soit, pendant l'adolescence commencent à se mettre en place dans le cerveau des réseaux avec moins de connexions entre les neurones, mais avec des connexions plus rapides, donc plus efficaces. À 15 ans, on a plus de possibilités qu'à

40 ans, mais à 40 ans, les activités développées sont plus rapides. Cette fois, Giedd utilise une métaphore automobile : « Quand on roule sur une route de campagne, on peut bifurquer à tout moment, mais jamais aller très vite. En revanche, les routes très fréquentées finissent par devenir des autoroutes sur lesquelles on circule tout droit, mais très vite. De même, certaines communications cérébrales deviennent plus rapides avec la maturité, mais au prix d'une perte de flexibilité. » La myélinisation permettrait aussi de faciliter les relations entre les différentes parties du cerveau. Si on veut rapidement accéder à des informations pertinentes pour prendre une bonne décision, remarque George Bartzokis, chercheur à UCLA (Université de Californie à Los Angeles), on n'a pas besoin d'un supercalculateur mais plutôt d'un Internet rapide. « Ce qu'on appelle sagesse, c'est un état associé à un maximum de myélinisation. »

Les chercheurs de UCLA ont fait des IRM pour comparer deux groupes de jeunes gens : des très jeunes (12 à 16 ans) et des moins jeunes (23 à 30 ans). Ils ont constaté que la partie du cerveau qui montrait les plus grandes disparités de matière blanche entre les deux groupes d'âge, c'était le lobe frontal, alors que le lobe pariétal est déjà mûr dans les cerveaux adolescents. Voilà une confirmation supplémentaire d'une découverte récente : toutes les régions du cerveau ne finissent pas leur maturation en même temps. Ce sont les régions associées aux fonctions les plus élémentaires qui mûrissent les premières. D'abord les aires motrices et sensorielles, puis celles impliquées dans l'orientation spatiale, la parole et l'attention (lobes temporaux et pariétaux). Et enfin le lobe frontal, la région de l'anticipation, de la coordination et de l'empathie, celle qui contrôle, évalue et organise, celle qui fait de nous des êtres qui contrôlent leurs émotions, comprennent les plaisanteries, perçoivent et tiennent compte des réactions des autres, bref, la région qui fait de nous des êtres de raison et des individus aptes aux relations sociales. En clair, cela veut dire que la petite faiblesse du côté de la région qui organise et anticipe a pour conséquence directe qu'une fille de 14 ans est persuadée de pouvoir faire ses devoirs, sortir avec ses copains et ranger sa chambre dans la même soirée. De même qu'est encore en travaux le système qui fait tourner sa langue sept fois dans sa bouche avant de hurler sur sa mère. Le savoir rend tout de suite l'affaire moins personnelle.

CHAPITRE 6

Le goût du risque (2) : affronter un éléphant

Donc notre post-pubère serait dans un état d'élagage neuronal intensif et de myélinisation insuffisante. *So what ?* Ce n'était vraiment pas la peine de faire appel au fonctionnement de la mécanique cérébrale plutôt qu'au complexe d'Œdipe ou à la crise de la société occidentale si c'était pour aboutir à des conclusions aussi éclairantes, direz-vous avec raison. Patience. L'exploration des incandescences adolescentes demande une longue marche d'approche mais nous touchons au but. Reste à faire un petit tour du cerveau, pas le circuit complet, rassurez-vous, juste une visite des zones les plus directement touchées par les transformations pubertaires et qui pourraient avoir un lien avec ce goût du risque et cette impulsivité.

D'abord le système limbique. Il est intéressant de savoir que c'est la partie du cerveau qui nous différencie, nous mammifères, des serpents et autres lézards. Grâce à lui, nous échappons aux comportements rigides et stéréotypés des bestioles équipées de leur seul cerveau reptilien. Le système limbique sait mémoriser les comportements agréables et désagréables. Chez l'homme, il est responsable des réactions viscérales (la peur devant un serpent, le dégoût à la vue d'un insecte...) et des émotions. Dans le système limbique, quatre petites zones sont particulièrement importantes : l'hippocampe (impliqué dans la mémoire), l'amygdale (la peur), l'aire tegmentale ventrale et le noyau accumbens (la motivation et le plaisir). Et bien sûr, comme dans tout le cerveau, interviennent également des neurotransmetteurs, ces molécules qui agissent comme des navettes chimiques permettant à l'influx nerveux de passer d'un neurone à l'autre. Deux d'entre elles, rappelons-le, occupent une fonction essentielle dans le système limbique. La dopamine (impliquée dans le désir et le plaisir, elle module l'humeur et joue un rôle central dans la recherche des plaisirs et l'évitement de la douleur). Et la sérotonine (impliquée dans la satiété et l'inhibition, elle contribue à la régulation de l'humeur, de l'appétit et de la douleur).

Système limbique et peine de mort

Quel rapport entre le système limbique, l'impulsivité et l'adolescence ? Depuis quelques années, de nombreux chercheurs, essentiellement américains, sont allés y voir de plus près. Une des raisons pour lesquelles les Américains s'intéressent au goût du risque, à la recherche d'excitation, à l'impulsivité et au cerveau des adolescents, c'est d'abord parce qu'ils ont une tendance lourde à rechercher des explications biologiques, voire génétiques, à tous les comportements, qu'il s'agisse d'alcoolisme, d'alimentation, de donjuanisme ou d'homosexualité. L'autre raison pour laquelle les Américains s'intéressent à l'impulsivité chez les adolescents, c'est la peine de mort. D'une certaine manière, comme pour la recherche sur le gène de l'homosexualité, ça part d'un bon sentiment, si l'on peut dire. Pour que la société ne condamne pas l'homosexualité, on fait l'hypothèse que c'est un comportement génétiquement déterminé, on découvre un gène, et on en conclut que c'est biologique donc inattaquable. Aux États-Unis, c'est un raisonnement de gauche. Pareil avec la peine de mort et l'impulsivité. Aux États-Unis, il a fallu attendre mars 2005 pour que la Cour suprême déclare inconstitutionnelle la peine de mort pour les mineurs. Seuls trente et un États l'interdisaient et neuf garçons de moins de 18 ans ont encore été exécutés entre 2000 et 2005, dont six au Texas. L'idée des recherches sur l'impulsivité était de monter que les adolescents ont un cerveau qui ne contrôle pas grand-chose, qu'ils sont biologiquement incapables de prendre une décision sensée et d'évaluer les implications à long terme de leurs actes, en conséquence de quoi, il ne faut pas les condamner à mort. Il n'est pas exclu que les travaux des chercheurs aient été pris en compte, puisque, dans sa décision de 2005, la

Cour suprême a expliqué que les mineurs étaient « moins coupables que les autres citoyens ».

Quelques découvertes assez intéressantes ont été faites par les scientifiques. Deborah Yurgelun-Todd, une neuropsychologue de Harvard, a utilisé l'IRM pour une expérience où elle a montré à des enfants, des adolescents et des adultes des photos de visages en leur demandant quelle émotion ils exprimaient. L'IRM a montré que, pour identifier les émotions, les enfants et les jeunes adolescents (jusqu'à 14 ans) font beaucoup marcher leur amygdale. Les adultes utilisent moins l'amygdale et plus le lobe frontal (impliqué dans le jugement). Les adultes font peu d'erreurs d'interprétation, les moins de 14 ans en font pas mal. Notamment, face à une expression de peur, ils croient souvent que c'est de la colère ou de la tristesse. Ensuite, plus les adolescents vieillissent, plus ils utilisent les mêmes zones que les adultes et moins ils se trompent dans l'identification des émotions.

James Bjork, un biologiste du NIH (National Institute of Health), a aussi utilisé l'IRM pour étudier les effets de jeux de paris. Résultat : les teenagers ont moins d'activité que les adultes dans le noyau accumbens, ce qui indiquerait une moins forte motivation. Les hypothèses que James Bjork propose sont moyennement convaincantes mais je vous les livre comme il les donne. Si les adolescents ont effectivement un déficit de motivation, ils auront tendance soit à rechercher des activités qui leur procurent beaucoup d'excitation, soit à rechercher des activités qui demandent un effort minimal. Cela vous rappelle quelque chose ? Jay Giedd, également du NIH, a montré qu'à la puberté, des flots de testostérone inondent l'amygdale (chez les garçons encore plus que chez les filles) et la font grossir. Cette structure en forme d'amande (d'où son nom) intervient dans les sentiments de peur et de colère. Le développement de l'amygdale, d'ailleurs plus marqué chez les garçons, pourrait expliquer l'augmentation de l'irritabilité à l'adolescence.

Gardons pour le moment ces expériences de côté et continuons notre visite par le cortex qui est la partie la plus extérieure du cerveau. Si le cerveau était un fruit, le cortex serait son écorce. C'est aussi la partie apparue le plus récemment dans l'évolution. Même si les autres mammifères en ont tous plus ou moins un, on peut dire qu'un cortex très important est la marque des primates en général et de l'homme en particulier. Le cortex a des capacités d'apprentissage quasi infinies, il est impliqué dans la mémoire, l'attention, le langage et la pensée abstraite. On l'a vu, sa maturation se fait par régions, en commençant par celles chargées des fonctions les plus élémentaires. Cela correspond à l'évolution des espèces : mûrissent d'abord celles qui sont apparues tôt dans l'évolution des mammifères, ensuite celles qui sont apparues chez les primates, enfin celles qui nous distinguent des grands singes. (Est-ce à dire qu'un adolescent pense comme un bonobo ou un chimpanzé ? On n'ira pas jusque-là, mais ça fait réfléchir, autant sur notre relation aux adolescents que sur notre relation aux grands singes.) Les premières zones qui mûrissent, à l'arrière du cerveau, sont donc les zones chargées des relations avec l'environnement et qui traitent les fonctions sensorielles (vision, ouïe, toucher, position dans l'espace). Viennent ensuite les zones qui coordonnent ces fonctions : par exemple, celle qui nous fait tourner la tête vers la voix qui nous appelle. En dernier vient le cortex préfrontal, siège des fonctions « exécutives » : contrôle et coordination de nos pensées et comportements, anticipation, choix, inhibition des impulsions, évaluation des conséquences. La partie qui peut dire : d'abord je prépare mon examen, ensuite seulement j'appellerai mes copains pour aller au cinéma. C'est aussi et surtout la zone du cerveau qui nous permet la pensée sur la pensée et la conscience.

Dissert de philo ou World of Warcraft *?*

La partie du cortex qui nous intéresse particulièrement est le cortex préfrontal. Avec le lobe frontal dont il fait partie, il est responsable, on l'a vu, des fonctions exécutives : anticipation, jugement, inhibition des réactions. Il permet de filtrer les informations sans importance, de garder en tête un plan à exécuter plus tard. Il est aussi essentiel pour comprendre ce que les autres ont dans la tête et il fait que le cerveau peut prendre en compte des informations ambiguës, coordonner les signaux des différentes parties qui le composent, calmer ou au contraire relayer les émotions générées dans le système limbique. Un exemple caractéristique, c'est la réponse à une insulte : je vois rouge immédiatement et je me jette sur l'autre ou j'envisage d'autres réactions ? On a dit que le cortex préfrontal était le siège de la civilisation, c'est aussi le siège de la mémoire autobiographique, de l'empathie et du sens moral. C'est la partie qui a le plus changé dans l'Évolution depuis notre séparation avec nos cousins les grands singes. Plus que n'importe quelle autre, c'est elle qui fait de nous des humains.

Sachant que c'est la partie du cerveau qui mûrit le plus tard (souvenez-vous, c'est la dernière à être élaguée et myélinisée), il était intéressant de regarder comment fonctionne un cortex préfrontal d'adolescent. C'est ce que les biologistes ont commencé à faire et les résultats de leurs recherches sont assez concordants. Pour les résumer en quelques mots : le lobe frontal des adolescents n'est pas mûr, il travaille plus dur que celui des adultes, il ne se fait pas aider par les autres régions contrairement aux cerveaux adultes. Il est très probable que cette immaturité du lobe frontal constitue la plus grande différence entre un cerveau adolescent et un cerveau adulte. (Le lobe frontal des enfants n'est pas plus mûr, bien sûr. On verra plus loin pourquoi leur comportement est néanmoins différent de celui des adolescents.)

Tant que la vague de connexions puis d'élagage des neurones n'est pas passée, les teenagers sont incapables de se servir correctement de leur préfrontal. Tant que l'excès de synapses n'a pas été nettoyé et tant que l'axone n'a pas été myélinisé, l'adolescent ne peut ni garder le fil de pensées multiples, ni accéder rapidement aux souvenirs et émotions dont les adultes se servent pour prendre des décisions judicieuses (oui, on est dans un monde idéal où les adultes prennent des décisions judicieuses). Et à ceux qui pensent qu'il est simpliste de dire qu'un bon jugement est une question de neurones, Deborah Yurgelun-Todd répond que « pour avoir un bon jugement, il faut avoir appris, mais on n'apprend pas si on n'a pas le bon hardware ». Voyons plutôt.

Beatriz Luna, professeur de psychiatrie à l'université de Pittsburgh, a observé les cerveaux d'adolescents et d'adultes par IRM fonctionnelle pendant qu'ils réalisaient un exercice apparemment très facile, en fait pas tant que ça, essayez vous-mêmes. La tâche consiste à éviter de regarder une lumière, ce qui implique de refréner la tendance naturelle à regarder un objet lumineux. Cela permet de tester la capacité à inhiber une réaction. Résultat : les adolescents réussissent la tâche mais seulement parce que leur cerveau se donne beaucoup de mal ; il utilise une plus grande partie du cortex préfrontal, celle dont se servent les adultes pour des tâches bien plus complexes. Ce qui signifie qu'inhiber une réaction est très difficile pour un adolescent et que si la difficulté augmente, il n'y arrivera pas. Cela veut dire aussi que la fonction de contrôle du préfrontal n'est pas encore totalement opérationnelle, ce qui expliquerait en partie les comportements impulsifs.

Quant aux autres fonctions, elles n'ont pas l'air tellement plus au point. Si on sait que le préfrontal est aussi le QG de la planification, on commence à comprendre qu'un adolescent ait du mal à coordonner et à anticiper : préparer un examen déterminant, le bac par exemple, plus de deux jours à l'avance, organiser ses vacances d'été avant le 28 juin ou dresser des priorités. Il est 19 heures, par quoi commencer ? Appeler une copine ? Réparer son skate ? Commencer la dissert qu'on doit rendre le lendemain à 8 heures ? Ou se remettre à *World of Warcraft* et faire passer son personnage du niveau 35 au niveau 36 ? Si ça ressemble à quelque chose que vous avez sous les yeux, prenez votre mal en patience, les fonctions dites « exécutives » n'arrivent à maturité qu'entre 20 et 25 ans. Et encore, pas chez tout le monde. Le préfrontal qui, rappelons-le, régule l'anticipation, le jugement, l'impulsivité, mûrit plus lentement chez les garçons que chez les filles.

Circuit du plaisir et chimie du cerveau

On a déjà parlé de ce réseau ou système du cerveau qu'on appelle « circuit du plaisir » ou encore « système à dopamine ». Ce circuit favorise les comportements liés à nos besoins fondamentaux, manger, boire, se reproduire, et nous permet de les associer à de fortes sensations de plaisir. Il a aussi pour fonction de nous inciter à répéter les expériences plaisantes. Les zones du cerveau directement impliquées dans ce circuit ne nous sont pas inconnues. Ce sont le noyau accumbens (la motivation et le plaisir), l'amygdale, certaines régions du cortex préfrontal, et aussi l'aire tegmentale ventrale (ATV). On y retrouve aussi la dopamine. On dit généralement que la libération de dopamine indique le désir de recherche de plaisir, mais elle est également activée par le stress. Il faut aussi savoir que c'est au cœur de ce circuit qu'agissent l'alcool et les autres drogues. Le rapport avec notre adolescent, c'est que les biologistes affirment que les expériences nouvelles, et en particulier celles qui comportent le frisson de l'inconnu et du danger, activent le « circuit du plaisir ». Les expériences excitantes stimulent ce circuit chez tout le monde, mais encore plus chez les teenagers, qui sont aussi plus intéressés par l'inconnu que les enfants et les adultes. Par ailleurs, ce n'est pas un hasard si l'adolescence est souvent une période d'expérimentation de l'alcool et d'autres drogues. On a tendance à l'attribuer à la pression du groupe et au désir d'alléger les inhibitions sexuelles ou sociales, ce qui est certainement juste, mais est-ce toute l'explication ? Les biologistes pensent aussi que les changements dans ces zones du cerveau riches en dopamine pourraient faire partie des facteurs qui rendent les adolescents vulnérables aux effets stimulants et addictifs des drogues et de l'alcool.

Pour tester le lien entre risque et récompense, ils ont fait jouer leurs cobayes à toutes sortes de jeux de paris, avec des résultats assez constants. BJ Casey, professeur de psychobiologie à l'université Cornell, a par exemple mesuré l'activité du cerveau de sujets qui effectuaient une tâche simple et recevaient ensuite une récompense, petite, moyenne ou importante. Elle a constaté que, lorsque les adolescents reçoivent une récompense moyenne ou importante, le noyau accumbens s'active bien plus que chez les enfants ou adultes. Il réagit de manière exagérément positive. En revanche, lorsque la récompense est petite, la réaction est plus faible que chez les enfants et les adultes. Comme si « petit » ou « rien », c'était pareil pour un adolescent. Comme si la vertu qu'on appelle sagesse était plus grande chez les adultes, mais aussi chez les enfants !

Reprenons ce que nous avons appris sur ce bloc excitation/impulsivité/curiosité/goût du risque des adolescents. On a un cortex préfrontal qui n'est pas mûr, mais s'il n'y avait que cela, alors les enfants prendraient autant de risques que les adolescents, ce qui n'est pas le cas. On voit aussi un circuit du plaisir (en partie sous l'influence des hormones sexuelles) prêt à démarrer au quart de tour, alors que le préfrontal, en charge de l'organisation, de l'anticipation, de l'évaluation des conséquences et de l'inhibition, n'est pas totalement fonctionnel. D'où ce sentiment, parfois, d'avoir affaire à des chevaux fous lâchés dans la nature sans brides ni freins. En fait, ce n'est pas tellement que les réseaux ne sont pas connectés, c'est que certains logiciels ne sont pas activés. Ou plutôt qu'on n'a pas encore la version mise à jour du logiciel pour le cerveau reconfiguré. D'où les bugs.

Une explication des comportements risqués des adolescents serait que toute action « normale » aurait tendance à être ressentie comme moins risquée, mais aussi moins « motivante », en clair : plus ennuyeuse, que pour un adulte. Une action risquée est également ressentie comme moins risquée que par un adulte. Pour ressentir quelque chose, pour ressentir la motivation et le plaisir qui lui sont associés, les adolescents en seraient donc réduits à une option : prendre des risques.

Cette mise à jour tardive du préfrontal et son couplage délicat avec le système limbique et le circuit du plaisir, on peut supposer qu'ils font partie d'un universel humain, qu'ils sont présents en tous lieux et en tous temps. Mais leur effet est accentué par ce qui se passe en Occident depuis un demi-siècle : une maturité sexuelle plus précoce, donc certaines modifications cérébrales qui démarrent plus tôt alors que d'autres processus, indépendants de la puberté, ne bougent pas. Ce qui donne donc une période plus longue avant l'ajustement du couplage préfrontal/limbique. (Sans compter qu'une maturité sociale plus tardive allonge encore cette durée.)

Le syndrome du bar : dès qu'une fille entre, c'est fichu

Pour certains comme Linda Spear, professeur de psychologie à SUNY (l'université de l'État de New York), ce caractère universel se retrouve bien au-delà de l'espèce humaine. Les conduites risquées, les conflits avec les parents et le temps passé à zoner avec des congénères du même âge ? C'est exactement pareil chez les rats et les singes, assure-t-elle, et d'ailleurs c'est très bien comme ça, ça fait partie des comportements qui contribuent heureusement à pousser l'adolescent hors du territoire familial. Le problème, c'est quand le contexte fait que l'adolescent ne peut pas partir. Demandez aux gardiens de zoos ce qu'ils en pensent. Aux États-Unis, à cause du succès de la reproduction en captivité, il y a maintenant plus de quatre cents gorilles dans les zoos, dont une bonne partie d'adolescents mâles qui posent de plus en plus de problèmes. Comme leurs cousins humains, ils sont très agités à cet âge-là. Avec cette différence qu'un gorille adolescent pèse ses bons 150 kg. Très agités donc, très motivés et très agiles : ça leur permet de franchir des fossés de 3,50 m normalement infranchissables. En fait, expliquent les gardiens, à cet âge où ils sont intéressés par les femelles mais n'y ont pas encore accès, ils sont intenables. Vous connaissez le syndrome du bar : tant que les gars boivent une bière et jouent au billard, c'est tranquille, dès qu'une fille entre, c'est fichu. Pareil pour les gorilles. Ca va à peu près tant qu'ils sont entre eux, mais dès qu'une femelle est dans les parages, ils s'énervent, traversent les fossés et éventuellement agressent visiteurs et gardiens.

Mais retournons chez les humains. Comme Linda Spear, BJ Casey pense que ce goût du risque et cette impulsivité ne sont pas un bug, ils ont un sens dans l'évolution humaine. En tout cas, ils avaient un sens au moment où le cerveau humain a atteint sa configuration actuelle, quelque part aux alentours du Paléolithique moyen : « Pour quitter son village et trouver un partenaire, il faut être prêt à prendre des risques », dit-elle. Finalement, la bonne nouvelle, c'est que les adolescents sont peut-être à peu près aussi faciles à manier qu'un bloc de semtex, mais qu'il y a une bonne raison à ça : en biologie, ça s'appelle un avantage évolutif. Le goût du risque aurait été sélectionné par l'évolution pour encourager l'exploration, la volonté de quitter le cocon familial, de faire son chemin et de trouver son partenaire. On pourrait ajouter que, toujours à la même époque, ça pouvait être bon pour une tribu de nomades d'avoir en son sein un petit groupe d'adolescents qui avaient de l'agressivité à revendre, qui n'avaient peur de rien et étaient prêts à se faire tuer pour défendre la famille. Parce que, si on y réfléchit deux minutes, à moins d'être drogué ou ivre (ou au moins ivre de colère), aucune personne sensée n'ira se jeter sur les piques, lances, baïonnettes et autres produits létaux nés de l'ingéniosité humaine.

Dans l'écosystème occidental actuel, c'est sûr, la palette des formes prises par ce goût du risque est assez stéréotypée, et essentiellement négative. Au mieux, il y a la version vaguement romantique du *rebel without a cause* (mot à mot « rebelle sans cause » et titre original anglais de *La Fureur de vivre*). Mais sinon quoi ? Les rodéos des « s'en fout la mort » complètement déchirés qui foncent sur l'autoroute avec une voiture volée ? Ça n'a pas grand-chose d'héroïque, même leurs voisins de cage d'escalier peuvent le voir. C'est à peu près aussi intéressant que les niais stages de *paint-ball* ou de saut à l'élastique des élèves d'écoles de commerce, et ça a d'ailleurs la même fonction : donner le sentiment de vivre plus intensément et, éventuellement, souder un groupe dans une décharge d'adrénaline partagée.

Mais si on met de côté le dérisoire et le superficiellement spectaculaire, les états d'âme, les portes claquées et autres sauts à l'élastique, il reste que certaines conduites à risque ont un sens dans une société donnée. Si on se déplace un tout petit peu dans le temps ou dans l'espace, si on sort du cœur de l'Occident ou si on revient quelques dizaines ou quelques centaines d'années en arrière, on voit qu'une bonne partie des héros, négatifs ou positifs, historiques, mythologiques ou littéraires, de toutes les sociétés humaines sont des teenagers au sens étymologique d'« être humain âgé de 13 à 19 ans ». Notamment ceux qui sont prêts à faire le sacrifice de leur vie, ou de la vie des autres, pour une cause qu'ils jugent supérieure. « Comme ils sont plus jeunes, ils n'en seront que plus impitoyables », disait Socrate.

L'histoire est pleine de ces adolescents qui ont agi au péril de leur vie, même si tous ne sont pas morts : Alexandre a 18 ans quand il est général victorieux et 20 ans quand il devient roi des Perses, Jeanne d'Arc a 16 ans quand elle part bouter l'Anglois hors de France,

Étienne de Cloyes 13 ans quand il prend la tête de l'incroyable Croisade des enfants en 1212, Joseph Bara, le petit tambour de la Révolution, 14 ans quand il tombe sous les balles royalistes en criant « Vive la République ! », Marco Polo 17 ans quand il quitte Venise pour la Chine, Christophe Colomb 14 ans quand il embarque pour son premier voyage, Tarcisius, martyr chrétien du IIIe siècle, 12 ans quand il refuse de lâcher ses hosties, Bayard, le chevalier sans peur et sans reproche, 19 ans à la bataille de Fornovo…

Gavroche, Icare et Guy Môquet

La liste est inépuisable et on peut encore la compléter avec les personnages des récits littéraires et mythologiques, ce qui montre que la figure de l'adolescent à l'héroïsme admirable, à l'intrépidité insensée ou à l'impulsivité absurde a bien été identifiée par la culture. Gavroche a 12 ans quand il meurt sur une barricade pendant l'insurrection républicaine de 1832, David pas plus de 14 ans quand il défie et abat Goliath, Hercule 12 ans quand il tue son professeur de musique dans un accès de colère, Jason 16 ans quand il part à la recherche de la Toison d'or, de même qu'Icare qui a volé trop près du Soleil et Phaéton qui a conduit trop vite le char d'Hélios. Et Œdipe ! En pleine adolescence quand il tue son père dans ce qui ressemble furieusement à une banale altercation entre automobilistes.

Et au-delà des héros réels ou imaginaires dont nous connaissons les noms, il y a ces innombrables adolescents anonymes qui, depuis la nuit des temps, génération après génération, ont risqué leur vie en combattant, l'histoire nous l'a appris et les nouvelles du monde nous le rappellent. Dans les guerres tribales du Paléolithique, les conquêtes de l'armée romaine, les campagnes napoléoniennes ou les attaques du djihad aujourd'hui, une bonne part des forces combattantes a toujours été recrutée parmi ceux qui voulaient bien prendre des risques inconsidérés. L'adolescence est quand même la seule période de la vie où toute une classe d'âge est prête à partir la fleur au fusil, inconsciente des risques pris, naturellement intrépide face au danger et à l'ennemi. Et cela vaut de la même manière pour les armées régulières que pour les milices, les résistants ou les terroristes. Les auteurs d'attentats-suicides sont le plus souvent des adolescents ou de très jeunes adultes, généralement des garçons, plus rarement des filles. Les 500 000 jeunes *bassiji* iraniens, dont une bonne partie a servi de chair à canon contre l'armée irakienne, avaient entre 14 et 18 ans. Guy Môquet, le désormais célèbre jeune résistant fusillé à 17 ans, était loin d'être le seul de son âge. Ils n'étaient pas rares les moins de 20 ans, à commencer par les « cinq martyrs du lycée Buffon » fusillés par les Allemands en février 1943. Les Gardes rouges de la Révolution culturelle étaient des lycéens, les dizaines de milices de la guerre du Liban comptaient dans leurs rangs de nombreux garçons de

13 à 15 ans, de même que les talibans d'Afghanistan et les catholiques républicains d'Irlande du Nord. Très jeunes aussi, parfois pas plus de 11 ans, une partie des recrues des Khmers rouges, des Tigres tamouls du Sri Lanka, les *shahid* de la « guerre des pierres » (la première Intifada), les enfants-soldats des FARC et de Sierra Leone, les « enfants-loups » du Mozambique des années 1980. Parmi tous ces très jeunes combattants, une partie était engagée de force, mais il est très clair aussi qu'un certain nombre d'entre eux étaient, et sont encore, animés de leur propre volonté.

Bien sûr, cette image d'adolescent impulsif ou héroïque colle assez mal avec l'image du loukoum semi-comateux effondré sur son canapé qu'on a vu dans les chapitres précédents, mais il y a des explications à cela. D'abord, comme tout observateur perspicace l'aura remarqué, les phases loukoum effondré alternent avec les phases d'impulsivité/excitation/goût du risque, qu'elles se manifestent par des portes claquées, des descentes de canyon ou du vol à l'étalage. C'est vrai que, dans l'écosystème occidental contemporain, il est plus facile de faire des rodéos de voitures volées ou de descendre des pistes noires dans le brouillard. Il y a aussi les guérillas urbaines. Bien sûr, ce qu'on a vu au début des années 2000 dans les banlieues françaises, les favelas brésiliennes et les quartiers de Los Angeles n'a politiquement rien à voir (quoique) avec ce qui s'est passé à Strasbourg lors du G20 en 2009, à Tien An men en 1989 ou à Paris en Mai 68. Sauf l'âge des participants et le sentiment commun d'excitation, d'intensité et de vie vécue à fond. Il y a aussi les jeunes gens (et dans une moindre mesure les jeunes filles) qui partent en Afghanistan, que ce soit pour participer au djihad, travailler dans une ONG, ou rejoindre les rangs de l'armée française. De manière intéressante, quelles que soient les motivations (politiques, idéologiques, sociales) de ces différents groupes, aussi éloignées soient-elles les unes des autres, on peut faire l'hypothèse que leur rapport au risque est assez semblable.

La guerre et tout ce qui y ressemble ne sont jamais très éloignés de cette histoire de risque et d'excitation. À moins que ce ne soit pas la guerre mais la chasse, et même la chasse à l'éléphant, ou en tout cas un très gros animal, comme l'écrit Paul Shepard dans *The Tender Carnivore and the Sacred Game*[1]. Pour lui, le cerveau et le comportement de l'être humain se sont mis en place dans un monde organisé autour de la chasse, et de la chasse à l'éléphant en particulier. Il est certain que, il y a 2 500 ans encore, des représentants de la famille zoologique « éléphant », les mammouths, étaient présents partout où vivaient les hommes préhistoriques, en Asie et en Afrique, mais aussi en Europe et en Amérique du Nord.

1. *Op. cit.*

L'âme éternelle du chasseur

Ce que nous, humains, et les humains mâles en particulier, avons dans la tête, dit Shepard, c'est une mémoire de chasseur. Dans les quelques paragraphes qui suivent, je reprendrai une partie de son argumentation, parfois elliptique, mais très évocatrice.

La colère fait partie de la nature du jeune homme, dit-il. Elle est en partie impatience vis-à-vis de la routine de l'enfance et du rabâchage du discours parental et elle a deux fonctions : éloigner le jeune homme du passé et le projeter vers les rencontres déterminantes. « C'est la colère de l'équipe de football, qui est plutôt joie agressive que méchanceté. La colère s'adresse à un objet de la taille d'un éléphant. Elle est nécessaire pour mener un assaut avec des lances. » Pour un jeune homme, ajoute-t-il, la traque de l'éléphant est un « risque qui vaut d'être couru. Pas seulement comme danger surmonté mais parce que le sentiment qu'il lui donne est noble, il le rend meilleur et plus grand. » Dans l'esprit de Shepard, ce n'est pas seulement une métaphore. La recherche de risques qui valent d'être pris, les leaders qui méritent d'être suivis, c'est « l'essence du fossé des générations. Des milliers de générations de jeunes gens ont [ainsi] abandonné le foyer familial. » La rage d'être est la rage qu'on ressent vis-à-vis d'un ours des cavernes ou de « la terrifiante montagne qu'est un éléphant ». Aujourd'hui, un adolescent peut affronter une vague avec une planche, une montagne avec un piolet, une rivière avec un kayak. L'épreuve est récompensée par la survie et les honneurs, elle est réelle et satisfaisante. Mais satisfaisante à quel point ? Si tous les dangers et tous les risques sont devenus interchangeables et si tout est relatif, alors tout – vendre une auto, gagner une élection – peut être considéré comme une épreuve valide pour un jeune homme. Sauf que, pour l'âme éternelle du chasseur, la chasse est le prototype du comportement humain, et ce serait une erreur de ne la voir que comme un symbole.

Soit. Mais la société peut-elle encore proposer des rites qui canalisent la colère destinée à l'éléphant ?

CHAPITRE 7

Moi, les autres, le reste du monde (1) : de l'empathie

Un beau matin, le jeune humain débranche les écouteurs de son iPod et lève le nez de l'écran de son ordinateur, il se met à avoir de l'humour, il remarque que sa mère est soucieuse, et pose des questions sur tous ces gens qui meurent au Darfour. Le jeune humain a découvert l'existence des autres.

Dans les deux chapitres précédents, il a été question de son milieu intérieur, des forces internes qui l'agitent, des changements qui affectent les relations entre lui et lui-même. Il va maintenant être question des relations entre lui et les autres, de ce qui l'attire vers l'autre. Parce que, comme le remarque Paul Shepard, il est étonnant de voir à quel point une espèce où l'individu est tellement important est aussi une espèce tellement sociable. C'est que moi, humain, je ne me définis qu'en relation avec l'autre, et le moment où cette relation prend vraiment forme, c'est l'adolescence, sans doute parce que c'est une période où la conscience de soi devient plus nette, où on commence à réfléchir sur soi et sur autrui. À la différence de l'enfance où l'autre restait flou, préconscient et intermittent, il se met maintenant à exister dans ma tête de manière claire, consciente et permanente. En particulier l'autre extérieur à la famille : les copains, la bande, le monde.

L'« être ensemble » ininterrompu des primates

Les adolescents sont plus sociables que les enfants et en conséquence plus sensibles au rejet et à l'intégration dans le groupe. À cette période de la vie, les relations avec les contemporains, les semblables, les pairs, prennent de la place. Elles deviennent plus importantes, plus complexes, plus hiérarchisées. La proximité et la fréquentation des pairs sont plus que plaisantes, elles sont nécessaires, on se mêle à eux, on s'expose sans limites à leur influence.

Ce changement a en partie à voir avec le développement de l'empathie. L'empathie est à la fois une aptitude et un mouvement psychiques qui permettent à un individu de ressentir et de partager l'humeur, l'émotion, le sentiment d'autrui, de se mettre à sa place. L'empathie est une émotion simple, brute, immédiate, comme la peur. De même que le sens moral qui est fondé sur elle, et de même que la compassion qui en est une forme complexe (elle est composée d'empathie et d'autre chose), c'est un trait spécifiquement humain, même s'il en existe des ébauches chez les grands singes, comme le montre une histoire de bonobo racontée par le primatologue Frans de Waal [1].

Le bonobo est peu connu, mais il est génétiquement aussi proche de nous que le chimpanzé. Par certains aspects de son comportement, il est peut-être même plus proche. De Waal raconte donc qu'un jour, au zoo de Twycross en Grande-Bretagne, une femelle bonobo nommée Kuni a vu un étourneau s'assommer en heurtant une vitre. Elle l'a ramassé, remis sur ses pattes et délicatement secoué. Comme l'oiseau se contentait d'agiter les ailes, elle a grimpé en haut d'un arbre, lui a déplié les ailes et l'a lancé… l'oiseau est retombé sur un talus. Kuni est alors redescendue et a monté la garde à ses côtés toute la journée, le protégeant de la curiosité d'un jeune singe, jusqu'à ce que, finalement, l'oiseau réussisse à s'envoler. Il est évident, remarque de Waal, que ce que Kuni a fait ne ressemble à rien de ce qu'elle aurait fait pour un singe, et qu'elle n'a pu faire ces gestes que parce qu'elle a été capable de se mettre la place de l'oiseau.

Tous les animaux, nous dit Paul Shepard, sont sociaux à certains moments, « mais les primates ont donné une forme à l'"être ensemble" ininterrompu : toucher, tenir dans les bras et être tenu et, quand on n'est pas en contact physique, tenir les autres sous l'emprise de son attention visuelle ». Tout ce que le

1. Frans de Waal, *Le Singe en nous*, Fayard, 2006.

primate apprend, ajoute-t-il, vient entièrement de ses semblables. « Du premier au dernier jour de sa vie, le singe est immergé dans un flux d'expressions faciales, dans des vagues de sons et de gestes, un tumulte empli de réactions, d'intentions, d'émotions, et par-dessus tout, un réseau de continuité. Les primates font partie des rares mammifères qui allaitent (et pour certains copulent) face à face et qui communiquent avec le visage et les yeux. » Quand les expressions du visage s'ajoutent aux sons et aux gestes, le répertoire devient immense. Les yeux en particulier ont un registre très étendu que nous comprenons de manière innée. Lui aussi a été inventé par les singes, les hommes n'y ont ajouté que deux choses : le fait d'exposer encore plus le blanc (en haussant les sourcils) et la capacité à verser des larmes abondantes.

Chez le jeune humain aussi, l'empathie semble présente, à l'état d'ébauche, ce n'est qu'au début de l'âge adulte qu'elle arrivera à maturité. Dans les relations amoureuses, les erreurs d'objets sont fréquentes, mais encore plus à l'adolescence, parce que l'autre n'est pas réellement perçu pour ce qu'il est, peut-être parce que l'empathie n'est encore qu'esquissée. Bien sûr, cette distorsion est plus fréquente chez les adolescents, mais cela arrive aussi aux plus vieux. Toute la littérature nous le dit, mais ça n'a jamais été mieux formulé que par Proust : « Quand je pense que j'ai voulu mourir et que j'ai gâché des années de ma vie pour quelqu'un qui n'était même pas mon genre. » Le paramètre « pas mon genre » n'est pas un hasard, il est intrinsèquement lié à la nature transgressive de la passion.

Si l'esquisse de l'empathie est en place très tôt chez le petit d'homme, que se passe-t-il alors dans l'esprit et le cerveau de l'adolescent pour que sa relation aux autres change si nettement ? Les sciences cognitives commencent à donner des pistes. En voilà deux qui, on le verra un peu plus tard, convergent vers le même point.

La neuropsychologue de Harvard, Deborah Yurgelun-Todd, on s'en souvient, a montré que les jeunes de moins de 14 ans font beaucoup d'erreurs quand ils doivent reconnaître un sentiment sur la photo d'un visage. Cela pourrait expliquer, dit-elle, pourquoi les adolescents se trompent si souvent sur la nature des signaux émotionnels, voyant de la colère et de l'hostilité – « Le prof me déteste ! » – là où il n'y en a pas. Mais l'inverse est vrai aussi. On est souvent stupéfait de voir à quel point les enfants et les jeunes adolescents peuvent être aveugles aux marques d'hostilité ou d'agacement qui sautent aux yeux des adultes et des adolescents plus âgés.

Sarah-Jayne Blakemore, de l'Institut des neurosciences cognitives de University College à Londres, s'est intéressée à l'égoïsme. Elle a montré qu'il y avait à la puberté une augmentation des connexions neuronales dans les régions impliquées dans les prises de décision et la conscience des sentiments des autres. Elle a aussi monté une expérience où 112 participants âgés de 8 à 37 ans devaient répondre à la question : « Que ressentirait votre ami s'il n'était pas invité à votre anniversaire ? » Le résultat, c'est que le temps de réponse raccourcit avec l'âge : plus on est vieux, plus il est facile de se mettre à la place de l'autre. Le produit d'un mécanisme évolutif, pense-t-elle : « Ce n'est qu'à partir de l'âge de reproduction qu'il devient utile de prendre en compte le point de vue des autres. » Autrement dit, si on veut avoir une chance de séduire une femme (ou un homme), il vaut mieux comprendre ce qu'elle (il) a dans la tête. Mais aussi : pour pouvoir s'occuper d'un bébé, pour comprendre ce dont il a besoin, il faut pouvoir se mettre à sa place.

Théorie de l'esprit : dans la tête de l'autre

Prenez une phrase qui a peu de chances de passer à la postérité : « Gérard en fait une tête ce matin ! Il doit être furieux contre moi. » Ou encore : « Tiens, j'ai vu la voisine entrer chez le pâtissier, elle a dû inviter ses petits-enfants à déjeuner aujourd'hui. » Peu de chances de passer à la postérité, mais toutes les chances de faire la joie des cognitivistes, psychologues, anthropologues et autres neurobiologistes. Leur point commun : elles sont fondées sur la capacité d'attribuer des pensées ou des états d'esprit à autrui. C'est ce qu'on appelle « théorie de l'esprit ».

La théorie de l'esprit n'est pas l'empathie, mais elle a un rapport avec elle, elle en est un des soubassements. Le terme de « théorie de l'esprit » est un peu obscur. Les anglophones disent aussi *mentalizing* (« mentalisation ») ou encore *mind-reading* (« lecture dans les pensées »), ce qui n'est pas vraiment plus satisfaisant. En attendant de trouver mieux, restons-en donc avec la théorie de l'esprit ou TE. Ce concept a été inventé il y a trente ans par des primatologues qui se demandaient si les chimpanzés avaient une théorie de l'esprit. Un concept productif, tout le monde l'a rapidement adopté, parce qu'il permettait d'apporter un début d'explication à des troubles jusque-là insaisissables comme l'autisme ou le délire des schizophrènes. Il permettait aussi de donner un début d'explication scientifique à des questions comme : Qu'est-ce que faire semblant ? Qu'est-ce que l'empathie, l'intuition, l'ironie ? Depuis, on a avancé. Nous, humains, sommes des lecteurs de pensée par nature et la TE est aussi spécifique à l'homme que l'écholocation l'est aux chauves-souris. Sans TE, nous serions incapables de lire les pensées d'un interlocuteur, d'interpréter son sourire et le ton de sa voix, de prédire son comportement, de faire la différence entre penser, croire et deviner.

Les bébés ne naissent pas tout équipés de théorie de l'esprit, mais il y a un moment où on constate qu'elle est là. À quel âge ? On la repère avec une expérience très simple dite « de fausse croyance » que n'importe qui peut reproduire à condition d'avoir un enfant sous la main. Martin est dans une pièce avec son père et sa mère. Sa mère met une bille dans une boîte rouge. Le père sort de la pièce. La mère dit : « On va faire une blague à papa » et met la bille dans une boîte bleue. Puis elle demande à Martin : « Où papa va-t-il penser que se trouve la bille ? » Réponse de Martin ? Avant 4 ans, il ne peut se représenter l'esprit d'autrui, il dira donc : « La boîte bleue. » Après 4 ans, il peut dire : « La rouge. » Tout a changé, mais quoi ? Tout à coup, l'enfant a accès à sa propre pensée et à celle des autres. Le plus étonnant, c'est que tous les parents remarquent le premier mot ou la première question sur la mort que posent les enfants, mais que personne ne remarque jamais cet événement essentiel du développement. Pour mettre en évidence la subtile construction de la TE, il faut faire des expériences. Entre 7 et 9 mois par exemple, un bébé commence à comprendre où il doit regarder quand on lui montre quelque chose du doigt (avant, il regarde le doigt). Pour cela, il doit avoir compris qu'il y a une intention et qu'elle est indiquée par ce doigt.

La théorie de l'esprit est-elle innée ou acquise ? Un mécanisme aussi abstrait ne peut être totalement appris si tôt par un bébé. Il y a donc forcément beaucoup d'inné là-dedans mais, comme elle n'apparaît pas avant un certain âge, cela signifie que, comme pour le langage ou la marche, il faut quelque chose en plus, apprentissage ou maturation. Comment les bébés apprennent-ils à lire dans les pensées ? Simon Baron-Cohen, professeur de psychologie à Cambridge (Angleterre), a identifié quatre étapes dans la construction de la TE. Très vite après la naissance, avant 9 mois en tout cas, l'enfant est équipé d'un « détecteur d'intentionnalité », un outil qui lui permet d'interpréter les mouvements en termes de but, de désir : « La mouche veut sortir », « Le chien veut se sauver ». Dans le même temps se met en place un « détecteur de direction de l'œil » qui permet à l'enfant d'attribuer à un autre organisme (humain ou animal) un état de perception orienté. « Maman regarde papa. » Voilà pourquoi les enfants adorent jouer à « coucou ». Troisième élément : le « mécanisme d'attention partagée » qui arrive avant 18 mois. Contrairement aux deux précédents, il est unique aux humains et établit une relation entre soi, autrui et un objet. Test classique : un adulte tend un objet à un enfant et le retire au moment où l'enfant s'apprête à le prendre. Pour interpréter ce geste ambigu, l'enfant cherche dans le regard de l'adulte son intention réelle. Quatrième étape, vers 4 ans, avec le test de la bille. Les bases de la TE sont généralement en place et les enfants distinguent entre réalité et pensée, entre croire et savoir. C'est un âge auquel ils adorent les histoires où la réalité est différente de ce que croit le personnage. Comme Blanche Neige qui ne sait pas que la pomme est empoisonnée.

Quant à la question de départ – « Les chimpanzés ont-ils une théorie de l'esprit ? » –, elle est toujours chaudement débattue. Cela revient à se demander s'il y a des précurseurs de cette aptitude spécifiquement humaine chez nos proches cousins. Les primates vivent dans un environnement social bien plus complexe que n'importe quel autre animal. À la différence d'autres espèces où c'est le plus costaud qui domine, ou celui qui a les plus belles plumes, chez le primate, c'est le plus malin qui est en haut de la hiérarchie. Un singe a donc tout intérêt à comprendre, prédire, et manipuler, le comportement des autres. Il y a donc sans doute des rudiments chez les singes, mais de manière très limitée. Pour le philosophe Dan Sperber, « les chimpanzés en particulier ont des capacités méta-représentationnelles, mais c'est au mieux du premier degré, alors que nous jonglons avec dix niveaux de représentation ». Des exemples ? « Je pense que tu es fâché » (premier degré), « Tu sais que je pense que tu es fâché » (deuxième degré), « Je sais que tu sais que je pense que tu es fâché » (troisième degré), etc.

La phase suivante, l'apparition de cette aptitude chez les hominidés qui nous ont précédés, n'est pas mieux connue. Si nos attributs d'êtres humains (bipédie, langage...) existent, c'est parce qu'ils ont été sélectionnés par l'évolution, comme permettant une meilleure adaptation. Mais quel avantage adaptatif la théorie de l'esprit apporte-t-elle à un primate et à un homme en particulier ? La réponse est que, pour un individu qui appartient à une espèce si incroyablement sociale, coopérative et compétitive, la vie dépend de la précision avec laquelle il peut déduire ce qui se passe dans la tête des autres. La TE aurait donc émergé comme l'outil le plus simple et le plus efficace pour prévoir et manipuler le comportement d'autrui.

Dans l'espèce humaine, tous les individus sont des experts en théorie de l'esprit. Mais peut-on être plus ou moins doué pour la TE comme on l'est pour les maths, la musique ou le langage ? Pour le moment, aucune méthode scientifique ne permet de tester ces différences, mais il est évident que tout le monde n'a pas le même degré d'humour, d'ironie, d'intuition, de finesse psychologique, autant d'aptitudes liées à une virtuosité supplémentaire dans la TE. Il y a d'indéniables différences individuelles, il y a sans doute des différences culturelles d'un pays à l'autre. Et il est probable, si on en croit Simon Baron-Cohen (et l'expérience ordinaire), que les femmes soient globalement meilleures que les hommes dans les tâches faisant appel à l'empathie ou à la TE.

Si les bases de la théorie de l'esprit sont acquises vers 4 ans, il est clair que la virtuosité méta-représentationnelle d'un enfant de 4 ans n'est pas celle d'un adulte. On sait que le deuxième degré de TE est acquis vers 6 ans et que des aptitudes plus compliquées comme l'identification des gaffes apparaissent plus tard. Simon Baron-Cohen a montré que le test de la gaffe (s'apercevoir qu'on a fait une gaffe c'est être très gêné en réalisant qu'on a, involontairement, dit quelque chose qui a heurté autrui) était réussi par la plupart des filles à 9 ans… et par les garçons à 11 ans. Mais ensuite ? C'est là que nous revenons à nos adolescents.

Le fait que les relations des adolescents avec les autres en général et avec leurs pairs en particulier deviennent plus importantes et plus complexes a bien sûr des causes sociales et psychologiques, mais c'est aussi forcément lié aux modifications du « cerveau social ». À l'adolescence, dit Sarah-Jayne Blakemore, la chercheuse anglaise qui travaille sur l'égoïsme, « il y a un développement ininterrompu des processus sociaux comme la reconnaissance des autres humains et la compréhension des émotions, des intentions et des croyances des autres ». Comment ? Il y a peu encore, la question n'avait pas de sens, puisque le cerveau était censé être terminé à la fin de la petite enfance. Depuis qu'on a découvert que le cerveau était encore en chantier à l'adolescence, on voit les choses autrement.

Le cerveau social des adolescents

Les humains, nous commençons à le savoir, sont des individus intrinsèquement sociaux. Une grande partie de leur cerveau est impliquée dans les interactions sociales et dans la compréhension des autres individus. « Le cerveau social, explique Sarah-Jayne Blakemore, est un réseau complexe de régions qui nous permettent de reconnaître les autres et d'évaluer leurs états mentaux (intentions, désirs, croyances), leurs sentiments, leurs dispositions générales et leurs actions. » Depuis moins de vingt ans, on commence à voir comment ces différentes régions interviennent pour permettre aux hommes de se comprendre et d'interagir en faisant appel à des fonctions comme l'évaluation des sentiments de l'autre, la reconnaissance des gestes, des expressions du visage, des plus simples (peur, dégoût) aux plus complexes (culpabilité, gêne).

Certaines aptitudes comme la reconnaissance des mouvements humains sont présentes très tôt. On en a eu la confirmation grâce à une expérience très astucieuse. Après avoir fixé de nombreuses petites lumières sur les vêtements d'un homme, on l'a filmé dans le noir. À l'image, on ne voyait pas son corps, seulement ses mouvements. On a ensuite refait le même film avec un robot. Résultat : dès l'âge de 3 mois, les bébés distinguent les mouvements humains des mouvements des robots. On sait aussi que, dès la naissance, ils reconnaissent un visage humain et le différencient d'un masque ou d'une photo inversée (le bas en haut) d'un visage. Mais on sait que l'interprétation fine de ce visage, notamment l'identification d'une émotion comme la peur, n'est maîtrisée qu'à la fin de l'adolescence.

Les régions du cerveau les plus directement concernées par ces fonctions « sociales » sont le cortex préfrontal médian (CPFm), le cortex cingulé antérieur (CCA), le gyrus frontal inférieur, le sulcus temporal supérieur (STS), l'amygdale et l'insula antérieure. Cette petite liste de noms impossibles à retenir n'est pas ici pour engager le lecteur à exercer sa mémoire, mais pour lui montrer qu'elle recoupe en partie la liste des régions dont il a déjà été question dans les chapitres précédents. Ce qui tend à confirmer que les remaniements du cerveau adolescent se concentrent vraiment dans des zones bien précises.

« Ton père danse le rock au supermarché »

On sait donc qu'une partie du cerveau continue à se modifier pendant l'adolescence et que certaines des zones qui mûrissent le plus tard sont impliquées dans le cerveau social. On a remarqué aussi qu'il y avait un changement de fonctionnement du cerveau dans les tâches où la TE est impliquée, lorsqu'on demande aux participants de penser à eux-mêmes, à des personnages imaginaires, à des animaux… ou à leur mère. Ou encore lors de jeux contre un adversaire où il faut prendre en compte ce qu'il pense pour espérer gagner.

Sarah-Jayne Blakemore et ses collègues de University College ont réalisé une expérience dite de « causalité intentionnelle ». Les participants devaient réfléchir à la proposition suivante : « Quelqu'un s'installe devant vous au cinéma. Vous changez de place ? » En utilisant l'IRM fonctionnelle, cette technique d'imagerie cérébrale qui permet de voir le cerveau penser en temps réel, les chercheurs anglais ont vu que c'étaient bien toujours ces mêmes régions (aux noms impossibles) qui étaient activées, quel que soit l'âge des participants, mais pas dans les mêmes proportions. Les zones postérieures du cerveau étaient plus actives chez les adultes (22 à 38 ans) que chez les jeunes (12 à 18 ans), ce qui signifie qu'avec l'âge, il y a un changement de stratégie neurologique pour réfléchir aux intentions. On peut en déduire qu'« avoir l'intention » de faire quelque chose ne signifie pas exactement la même chose à 15 ans qu'à 30 ans…

Toujours en utilisant la même technique d'imagerie, Sarah-Jayne Blakemore a demandé à ses deux groupes de lire des phrases évoquant des émotions dites « sociales », comme la culpabilité ou la gêne (par opposition à des émotions « basiques » comme la peur ou le dégoût). Par exemple : « Ton père se met à danser le rock au supermarché. » Ou bien : « Quand les gens se sont moqués de ton meilleur ami, tu as ri avec eux. » Résultat : la même petite différence de « stratégie neurologique » que dans l'expérience précédente.

Une autre expérience a évalué la réaction à l'ironie. Comprendre l'ironie exige une certaine maîtrise de la TE, cela demande de pouvoir faire la différence entre sens littéral et intention réelle. En l'occurrence, on demandait aux participants de regarder une courte histoire en BD, pendant qu'on leur faisait écouter une voix enregistrée qui commentait la fin de l'histoire et disait : « Bien joué ! », « Alors là, bravo ! » ou encore « Merci beaucoup ! » Les participants devaient dire si le locuteur était sincère ou ironique. Dans tous les cas, les participants identifiaient l'intention mais, chez les enfants et les jeunes adolescents (9 à 14 ans), le CPFm et le gyrus inférieur gauche étaient plus actifs que chez les adultes (23 à 33 ans), ce qui est interprété par les expérimentateurs comme traduisant un effort pour résoudre la distance entre le sens littéral et le sens intentionnel de la phrase ironique.

L'influence des pairs

L'adolescence, donc, est une période où finit de se construire la théorie de l'esprit, où le jeune humain commence à comprendre de manière un peu fine ce que l'autre a dans la tête. Mais ça ne se met visiblement en place qu'à la fin de l'adolescence, certains disent même vers 30 ans ! En attendant, il se passe quelque chose d'assez troublant.

Comment se fait-il que le teenager absorbe comme une éponge tout ce qui vient de ses congénères, comment se fait-il qu'il imite jusqu'au moindre geste et à la moindre intonation ? Pourquoi a-t-on le sentiment que l'adolescence est un âge si influençable ? Dans un groupe donné, qui influence et qui est influencé ? Et pourquoi ? Et comment ? Vu de l'extérieur, c'est toujours assez mystérieux. Il n'est pas sûr que ce soient les meilleurs (les plus intelligents, les plus subtils, les plus mûrs, les plus généreux...) qui donnent le ton. Mais sur ce point précis, une bande de jeunes n'est pas forcément très différente d'un groupe d'adultes : le leader n'est pas toujours le plus intelligent ou le plus subtil.

Aux États-Unis et au Canada, la société et les scientifiques sont très préoccupés par les histoires de groupes, d'influences et de mauvaise conduite. Des chercheurs américains affirment que les bêtises ou délits en groupe – consommation de drogue, incendies volontaires, cruauté envers les animaux –, surtout chez les garçons, sont souvent commis par ceux qui ont des difficultés à résister à la pression des pairs. À Temple University (Pennsylvanie), le psychologue Laurence Steinberg a mené une expérience fondée sur un jeu de simulation de conduite. L'idée étant de voir si les participants, teenagers et adultes, passent ou non à l'orange. Il a constaté que, dans les deux groupes d'âge, les conducteurs virtuels sont prudents quand ils sont seuls. En revanche, une différence apparaît quand les conducteurs sont en groupe (celui qui passe le test est entouré de deux ou trois camarades). Les adultes restent prudents, mais les teenagers – jusqu'à 20 ans – passent à l'orange.

Tomas Paus, un neurobiologiste tchèque qui a travaillé à Montréal et se trouve maintenant à l'université de Nottingham (Grande-Bretagne), a décidé de rechercher les bases cérébrales de la résistance à l'influence des pairs. Il est important, dit-il, de comprendre comment un adolescent atteint l'équilibre entre la prise en compte de l'avis des autres et le maintien de son indépendance. Puisque, dit-il, les pairs ont un rôle important – positif ou non – dans la formation du comportement des ados, il faut comprendre les systèmes neuronaux qui interviennent. Pour évaluer la capacité à être influencé, il a imaginé une expérience en deux temps. Il a pris des enfants et des adolescents de 10 à 18 ans et leur a fait passer un questionnaire pour évaluer leur degré de résistance à l'influence des pairs, avec des questions comme : « Il y a des gens qui disent vraiment ce qu'ils pensent devant leurs amis, même s'ils savent que leurs amis se moqueront d'eux. » Il a ensuite utilisé l'IRM fonctionnelle pendant qu'enfants et adolescents visionnaient des vidéos de visages et de mains exprimant la colère.

L'IRM a mis en évidence de grandes différences individuelles et a montré une corrélation entre la sensibilité à l'influence des pairs et l'engagement des régions du cerveau impliquées dans l'observation des visages et des mains exprimant la colère : les enfants les plus influençables engagent plus de ressources attentionnelles quand ils voient des mains en colère. Chez les moins influençables, il a vu plus d'activité dans le cortex préfrontal qui, on le sait, est important dans la prise de décision et l'inhibition des comportements socialement inappropriés. Il a également constaté que les scores de reconnaissance de la colère, bas en début de l'adolescence, s'élèvent à partir de 14 ans pour atteindre un niveau adulte à 18 ans.

Ce que Paus sous-entend plus ou moins, c'est que l'influence des pairs est souvent mauvaise et qu'une faible résistance est donc dangereuse. On pourrait aussi voir les choses différemment et penser que l'influence par les pairs peut faciliter l'intégration dans le groupe. Une haute résistance à l'influence des pairs peut donc avoir deux sens : soit une plus grande maturité, soit une moins bonne intégration au groupe. Les deux n'étant d'ailleurs pas mutuellement exclusifs : on peut à la fois être très mûr et peu intégré dans un groupe qui a un fonctionnement immature. Il y a encore le cas de figure de l'adolescent qui a une résistance élevée à l'influence des autres, parce qu'il est leader du groupe et qu'il donne le ton. Et il arrive aussi qu'un leader soit un individu particulièrement conforme à la norme collective.

Mais revenons à l'empathie qui fonde la relation à l'autre. Du côté de la neurologie, deux chercheuses françaises du CNRS, Sylvie Berthoz et Julie Grèzes, se sont intéressées au système des émotions impliqué dans l'évaluation du bien et du mal. La petite structure du cerveau qu'on appelle amygdale, rappellent-elles, est liée au traitement des expressions du visage, des sons et des mots à connotation émotionnelle, et surtout à connotation émotionnelle négative. Elle fait partie d'un système d'alarme, de détection d'une menace potentielle. Les expériences utilisant l'imagerie cérébrale montrent que le complexe amygdalien s'active lors de la lecture de récits de transgression sociale ou morale, quand il y a nuisance envers autrui. Les chercheuses en déduisent que ce complexe joue un rôle clé dans la réaction à certaines transgressions et dans l'apprentissage des comportements sociaux appropriés. L'évaluation morale automatique d'un événement reposerait sur le fait qu'un comportement inapproprié est ressenti comme désagréable et le système fonctionnerait selon l'adage : « Ne fais pas à autrui ce que tu ne veux pas qu'on te fasse. »

L'empathie et l'altruisme sont des sentiments merveilleusement humains dont l'origine ne cesse de nous fasciner. « Nos émotions les plus vives ne sont pas suscitées par des paysages, des araignées, des cafards ou des desserts, mais par d'autres personnes. Certaines émotions, comme la colère, nous font vouloir faire du mal aux gens ;

d'autres, comme l'amour, la pitié, la gratitude, nous font vouloir les aider[1] », écrit Steven Pinker, le directeur du Centre de neurosciences cognitives du MIT (aux États-Unis). Il ajoute : « Le corps est la dernière barrière à l'empathie. Votre rage de dents ne me fait pas mal comme à vous, tout simplement. »

Merveilleusement et uniquement humaine, l'empathie, et pourtant. Le psychanalyste et éthologue anglais John Bowlby remarque que les conduites agressives révèlent une altération de l'empathie, alors que l'empathie au contraire amplifie la coordination affective et l'identification émotionnelle aux autres. « Cette aptitude à désorganiser son propre monde intime quand celui d'un proche est désorganisé [par la souffrance] constitue le point de départ, la base cognitive de la morale. » Si on considère que la morale est un ensemble de conduites organisées par le projet de faire du bien et d'éviter le mal, ajoute-t-il, on peut observer des comportements similaires dans d'autres espèces que l'homme. « Les offrandes alimentaires, les menaces contre l'intrus afin de protéger le faible » constituent chez les animaux une « proto-morale comportementale » qui ne se fonde pas sur des représentations verbales comme chez l'homme, mais qui « se bâtit en tenant compte de ce qu'éprouve l'autre ».

1. Steven Pinker, *Comment fonctionne l'esprit*, Odile Jacob, 2000.

CHAPITRE 8

Moi, les autres, le reste du monde (2) : ma bande à moi

Tu zones avec ceux de ta bande. Tu te déplaces avec eux comme un poisson avec son banc. Tu te poses avec eux comme un pingouin sur sa banquise. Tu fais tout pareil. Même musique, mêmes mots et mêmes intonations, même rire et mêmes gloussements, mêmes fringues, mêmes gestes, mêmes tatouages et mêmes piercings, même gel dans les cheveux, même planche de skate, même déodorant pour jeunes mâles aux noms pesamment évocateurs – *Africa, Dance, Shock, Extrême* – dont tu ne percevras le ridicule que de longues années plus tard, mêmes valeurs et mêmes jugements, mêmes engouements et mêmes détestations, même vernis à ongles, même poster de chanteur pour jeunes filles, mêmes petits cœurs sur les i de tes messages, même gloss qui colle comme de la confiture. Téléphone, textos, MSN, tu es en relation ininterrompue avec eux, tu dors avec ton portable sous l'oreiller, pour pouvoir répondre au cas (très probable) où il sonnerait à trois heures du matin, tu ne quittes plus ta bande.

Un dehors indéchiffrable ou mortellement ennuyeux

La découverte des autres en général s'accompagne de l'attraction irrésistible pour un autre particulier : le semblable, le pair, celui avec qui on s'associe pour former un groupe, une bande. La bande est le premier groupe que l'enfant puis l'adolescent expérimentent comme indépendant des adultes, et hors de leur supervision. Il existe toutes sortes de bandes, très différentes les unes des autres, mais elles ont des points communs. Même tranche d'âge, de façon assez resserrée : l'adolescence est un moment où deux ans de plus ou de moins changent tout en termes de taille, de maturité sexuelle, affective et intellectuelle, et donc d'intérêts et de préoccupations. Une bande est un groupe assez peu mixte. Une bande mixte est généralement une bande qui se dirige vers la sortie de l'adolescence.

Il est difficile de faire une typologie des bandes, elles évoluent en permanence, au rythme des micro-changements de la société. La bande peut prendre des formes très diverses : le groupe qui rit et se bouscule à la sortie du collège, les garçons introvertis qui se retrouvent pour jouer aux échecs ou aux RPG (en français « jeux de rôles »), les grandes gueules qui interpellent les filles et provoquent les autres garçons, les vidéo-gameurs, les skateurs, les musiciens du groupe de rock, les footeux, les filles qui écument le centre commercial, les prédélinquants qui traînent en bas de l'immeuble... À l'intérieur de la bande, les rôles de chacun – leader, bouffon, rebelle, solitaire, tête de Turc, star ou fantassin – sont plus ou moins marqués selon qu'on est plutôt du côté des joueurs d'échecs ou plutôt du côté des prédélinquants.

À part la sortie du lycée, on peut observer les bandes de jeunes dans les centres commerciaux, les lieux touristiques, les boutiques spécialisées (musique, skate, RPG...), les stades, les trains, le métro, la plage (où ils se posent en étoile), les trottoirs (où ils avancent par brochettes de cinq), les spots de skate, les fast-foods, les halls d'immeubles... Ils donnent l'impression de circuler dans une quatrième dimension où ils ne voient ni ne perçoivent d'aucune façon la présence des autres variétés d'humains, enfants ou adultes. Leurs antennes ne frémissent qu'au passage d'un autre groupe du même âge. C'est lié à une manière particulière d'occuper l'espace, à leurs mouvements, leur musique, leurs cris et leurs rires, qui ont tendance à exaspérer les adultes. Du coup, ceux-ci ont inventé un épouvantail à jeunes, un peu sur le même principe que les cris d'oiseaux de proie émis par des haut-parleurs pour faire fuir les étourneaux des pistes d'aéroports où ils gênent les mouvements des avions. En Angleterre (et depuis quelque temps en France, dans certaines villes, à moins que ça n'ait été retiré après les vagues de protestations), les autorités municipales ont eu l'idée assez tordue d'installer, dans les endroits où les groupes de jeunes ont l'habitude de se réunir, des haut-parleurs diffusant non pas de la musique de vieux, ça aurait pu marcher, mais des sons très aigus. Leur fréquence, 16 000 Hertz à 80 décibels, n'est perçue que par les jeunes oreilles et leur est totalement insupportable à entendre. Une seule solution, la fuite.

Vue de l'extérieur, par un regard adulte, la bande donne l'impression de rendre complet ce qui est incomplet. C'est comme si l'organisme n'était pas l'individu mais le groupe, et chacun de ses membres une partie indispensable aux autres parties de cet organisme. Chacun est nécessaire aux autres et chacun a besoin des autres. Comme si le groupe protégeait d'un extérieur inquiétant, indéchiffrable, pesant ou juste mortellement ennuyeux.

Vu de l'extérieur, le fonctionnement de la bande n'est pas toujours compréhensible, mais l'observation de la bande peut être fascinante pour peu qu'on ait le goût de l'ethnologie. À chaque bande, ses signes de reconnaissance, musique, vêtements, cheveux (ras ou mi-longs, ou très longs, tressés en dreadlocks ou tassés en laine bouillie autrichienne), tatouages, piercings et ornements variés. À chaque bande sa gestuelle : mèche rejetée en arrière, regards coulés, checks phalanges contre phalanges, démarche hémiplégique, pieds traînés et fatigués de la vie ou cuisses écartées comme encombrées par un excès de virilité.

De manière générale, tout est exagéré : les attitudes, le volume des voix, les choix vestimentaires... même les jeunes gens qui ont habitué leur entourage à plus de subtilité et plus d'indépendance, apparaissent tout à coup grossièrement grégaires, affichant des signaux sexuels et sociaux hypertrophiés. Un manque de finesse qui va avec un niveau assez faible d'humour. L'humour n'est pas la caractéristique principale de la bande, il y a même quelque chose d'antinomique entre les deux. Bien sûr, ça n'empêche pas que l'adolescent puisse avoir de l'humour *à l'extérieur*, dans ses relations avec les adultes. Mais s'il y a de l'humour à l'intérieur de la bande, c'est qu'elle est déjà post-adolescente.

En groupe, on se déplace, on boit, on fume, on consomme drogues et excitants divers. Pas sûr qu'on drague beaucoup, la bande est souvent une protection temporaire contre les relations avec l'autre sexe, les angoisses de l'hétérosexualité et les exigences de la séduction. Mais, à petite distance, on regarde ceux de l'autre sexe, on commente, on provoque, on ricane. La bande a souvent quelque chose de régressif. Son niveau moyen de maturité est généralement inférieur à celui de chacun de ses membres pris séparément. C'est rarement là que les adolescents expriment le meilleur d'eux-mêmes. Sauf, étrangement, dans le langage, particulièrement inventif.

« T'as vu la Vierge ! C'est un aspirateur à belette... J'ai flippé ma race... »

On pourrait continuer longtemps comme ça, juste pour le plaisir. La langue des adolescents est un des bonheurs de la vie quotidienne, c'est une des productions les plus créatives et les plus foisonnantes de la culture populaire. Le problème, c'est qu'elle a un taux de renouvellement assez impressionnant, ce qui rend assez difficile d'en parler. Un mot qui est frais du jour risque d'être totalement ringard deux mois plus tard, tout juste bon à être pathétiquement récupéré par des adultes en mal de signes extérieurs de jeunesse et de branchitude. Les mots et expressions collectés ci-dessous font partie du langage partagé par tous, y compris les adultes, même si, en général, ils sont apparus dans les groupes d'adolescents, notamment les adolescents des quartiers populaires, avant de diffuser dans toute la société. Voici donc une tentative de photographie, avec quelques exemples, dont on a bien conscience qu'ils sont extrêmement périssables.

Courant 2009, en dehors d'une classique grande richesse dans le domaine des injures et du vocabulaire lié au sexe (« *les avoir bien hautes, les avoir là, je m'en bats les couilles, ça me casse les couilles, j'ai mes règles* », on repérait beaucoup de références à la mort : « *Ça fout la mort, ça pue la mort, c'est mort, ça tue sa mère.* »)

Pour ce qui est du style et de la grammaire, il est assez compliqué de dégager des règles, comme l'ont constaté les nombreux universitaires qui ont essayé d'identifier quelques constantes dans les idiomes adolescents, y compris des linguistes de Stanford qui ont cru remarquer que ce langage montrait « les oppositions avec lesquelles le groupe se définit », mais qu'il servait aussi de « principe organisateur à l'intérieur du groupe, prenant en compte non seulement les différences inter-groupes mais aussi intra-groupes ». On ne saurait mieux dire.

Voici donc quelques échantillons de figures de style qui n'ont aucune prétention à l'exhaustivité ni à la représentativité et qui ont été recueillis de façon absolument empirique.

Métaphores

Les parents sont des *fossiles*, une jolie fille une *gazelle* ou une *belette*. Une fille moche est un *thon*, une fille froide est un *findus*. Charles Bernet, linguiste et coauteur, avec Pierre Rézeau, de *On va le dire comme ça, Dictionnaire des expressions quotidiennes*[1], nous assure que « la construction de métaphores sur le mode traditionnel semble toujours bien productive ». Il donne en exemple la *boîte de six* (de chez MacDo), pour le fourgon de police. Il ajoute qu'on retrouve comme autrefois « une tendance à la surenchère, qui est probablement plus accentuée chez les jeunes » : *ça envoie ; ça*

1. Charles Bernet et Pierre Rézeau, *On va le dire comme ça, Dictionnaire des expressions quotidiennes*, Balland, 2008.

déboîte (sa mère/sa race) ; ça pète ; ça déchire ; ça tue (la mort) ou encore c'est de la balle ; c'est de la bombe ; c'est de la bombe atomique ; c'est de la bombe de balle (atomique).

Troncations

Certains observateurs ont cru voir que, tandis que les adultes pratiquent plutôt l'*apocope* (retranchement d'une ou plusieurs lettres ou syllabes à la fin d'un mot : *maths sup, Sécu, Ségo…*), les adolescents préféreraient l'*aphérèse* (retranchement d'une syllabe au début d'un mot : « *fais chier, à 'dam* » [Amsterdam]). En fait, les adolescents pratiquent aussi l'apocope (« *taper l'incruste, un coup de motive* »). Parfois, les deux sont appliquées simultanément : « *faich* » (« Ça fait chier »).

Verlan

On rappellera ce qui relève de l'évidence pour quiconque a une bonne oreille (et une mémoire passable) : depuis trente ans (Renaud, *Laisse béton*, 1977), le verlan a été réactivé, mais différemment, souvent avec des redoublements (*arabe/beur/rebeu*, qui a aussi donné *beurette* et *Zebda*, beurre en arabe, le nom du groupe rock de Toulouse), *flic/keuf/feukeu*. Dans ce néo-verlan on remarquera aussi la fréquence de la voyelle « eu » qui prend la place du « e muet » et a tendance à remplacer toutes les autres, comme dans *une teuf, une meuf, un keuf, un keum, ta reum…*

Emprunts

On voit le retour de mots du vieil argot français (*la maille, la thune*), et du vieil argot à base de mots tziganes (*daron, pelo*). À propos de *pelo* (pour dire mec), on notera qu'il vient du romani (tzigane) *pelo*, qui signifie testicule. Il s'agirait donc d'une *synecdoque* pour désigner l'homme. (Une synecdoque consiste à prendre la partie pour le tout.)

Charles Bernet estime, lui, que les mécanismes en jeu ne sont pas vraiment différents par rapport aux générations précédentes. Ce qui change, « c'est l'arrière-plan culturel, avec des emprunts au rap américain, des emprunts ou des calques de l'arabe, du rom, des langues africaines, du créole ». Exemples : *bling-bling* (rap américain), *film de boule* (rom), *être en chien* (créole), *kiffer, ne pas calculer quelqu'un, tenir les murs* (arabe).

Accentuation et prononciation

On remarquera enfin des différences d'accentuation et de prononciation par rapport au français standard. Certains groupes de mots et surtout certains mots sont accentués sur la première syllabe plutôt que sur la dernière, comme c'est la règle en français : **Vas**-*y* et pas *Vas*-**y**. Ou encore : **zi***va*, **ga***zelle*, **fin***dus*, **bou***ffon*… Le changement d'accentuation va avec l'introduction du coup de glotte **'O, mod***mozel*, *C'est 'ouf*. Le a est tiré vers le o, comme dans **mod***mozel* (mademoiselle).

Enfin, on relèvera une distinction sexuée. Le son *ch* est ajouté à la fin de certains mots. Il peut aussi y avoir nasalisation ou modification de nasales. Toutes ces particularités de prononciations étant plutôt réservées aux filles : *Tu viaans* ? *Ouiin, je viaans* ; ou : *Ouich, j'arriive* (fille) (par opposition à *Wo,* **j'or***rive* du garçon).

Mais arrêtons-nous là et revenons à nos bandes.

Tête de Turc et néant génétique

C'est une évidence, un skateur n'a pas grand-chose en commun avec un gothique ou un footeux. Malgré tout, le fonctionnement interne de toutes les bandes obéit à quelques règles non écrites. Autant la rébellion ou au moins la prise de distance par rapport à l'extérieur (les parents, le lycée, les institutions, les valeurs de la société...) est de règle, autant, à l'intérieur du groupe, la norme est la soumission à un conformisme rigide, voire tyrannique. On forme une bande pour se retrouver entre soi, tuer l'ennui et la solitude. On se regroupe à la fois pour tester les transgressions à l'intérieur d'un collectif rassurant et pour s'identifier à un modèle.

Le groupe de pairs est aussi le lieu où les jeunes gens acquièrent compétences et valeurs sociales, Mais par quels mécanismes ? Judith Rich Harris[1] dit que les teenagers trouvent leur place à l'intérieur d'un groupe selon différents paramètres : niche disponible ou caractère de chacun par exemple. Mais, une fois que l'adolescent a endossé son

1. Sociologue américaine, auteur de *Pourquoi nos enfants deviennent ce qu'ils sont ?*, Robert Laffont, 1999.

rôle, il lui est difficile d'en changer, à la fois parce que les autres l'en empêchent et parce qu'il a acquis des compétences pour réussir dans ce rôle.

Un groupe de pairs a souvent sa tête de Turc et son symétrique malfaisant (ou malfaisante, en l'occurrence, la fonction est bien partagée dans les deux sexes), ce que les anglophones appellent *bully boy*, et qu'on traduira de manière un peu insatisfaisante par « harceleur », « maltraiteur », ou brute de cour de récré. Un phénomène qui fait partie de la sociologie habituelle de l'école et des groupes de cet âge : en Grande-Bretagne par exemple, un collégien sur cinq dit avoir été victime d'un *bully boy*. Les psychologues américains qui se sont beaucoup intéressés à la question ont longtemps pensé que ces *bully boys* étaient des garçons qui avaient une faible estime d'eux-mêmes et peu d'aptitudes sociales, et que leur comportement était en quelque sorte une compensation. C'est un peu plus complexe que ça.

D'un côté, c'est vrai, des études ont montré que bas statut social et prise de risque élevée pouvaient être liés. Pour éviter la route vers le « néant génétique », comme le dit Pinker, les mâles de bas statut sont obligés d'adopter des stratégies agressives, à haut risque, éventuellement illégales et violentes, pour exister socialement et sexuellement. Quand on n'a rien, on n'a rien à perdre. Et, effectivement, il suffit de lire les faits divers pour le constater, violence et prise de risque ont un gradient social assez prononcé. Cela dit, il semble qu'agresser ses camarades puisse être une conduite sociale efficace, au moins temporairement. Dans certains cas, ça booste le statut de l'agresseur parmi ses camarades. Des psychologues de l'université du Minnesota ont testé 138 collégiens de 12 à 14 ans et leur ont demandé : « Qui, dans ta classe, est agressif, physiquement et psychologiquement ? » et : « Qui inviterais-tu à une fête chez toi ? » Résultat : les plus populaires sont les garçons physiquement agressifs et les filles psychologiquement agressives. Les garçons agressifs sont admirés par leurs copains, et les filles aiment ça. Oui, c'est assez consternant.

Des Abkhazes du Caucase aux Bédouins de Jordanie

La bande de jeunes telle qu'on a commencé à la décrire, c'est la bande qu'on rencontre en Occident et dans les pays plus ou moins occidentalisés, depuis cinquante ans. Mais la bande est-elle une manifestation obligatoire de l'adolescence ? Oui et non. Oui en général : plus que tout autre moment de la vie, l'adolescence est une période où on aime se réunir avec ses semblables. Non en particulier : la forme qu'on lui connaît sous nos latitudes est vraiment liée au fonctionnement de nos sociétés. Dans leur livre *Adolescence*[1], les anthropologues américains Alice Schlegel et Herbert Barry donnent des informations sur les 186 sociétés qu'ils ont étudiées – des Ainus du Japon aux Indiens Hopis des États-Unis en passant par les

1. Alice Schlegel et Herbert Barry, *Adolescence : An Anthropological Inquiry*, The Free Press, 1991.

Abkhazes du Caucase, les Shilluk du Soudan et les Bédouins de Jordanie – et où ils ont posé 341 questions qui vont de : « Les adolescents se distinguent-ils des enfants par des marqueurs visuels ? » à « Quel est le partenaire hétérosexuel le plus probable ? », « Y a-t-il des punitions corporelles ? » ou « Est-ce qu'il y a des fugues ? »

Sur la question des bandes, Schlegel et Barry remarquent que les choses se passent de manière assez différente d'un pays à l'autre. D'abord une évidence : il ne peut y avoir bande que si les jeunes passent suffisamment de temps ensemble, à l'écart de leurs familles et de l'univers des adultes, ça n'est pas le cas partout. Dans la plupart des 186 sociétés étudiées, en fait, les jeunes gens passent la plus grande partie de leur temps éveillé avec des adultes du même sexe, souvent en famille et avec leurs parents. C'est encore plus fréquent pour les filles (84 %) que pour les garçons (66 %). Cela dit, quelle que soit la société, les adolescents agissent généralement à la périphérie du monde adulte. Et quand ils sont avec les adultes, c'est dans des limites définies par eux. Pour ce qui est de leur accès au pouvoir dans la société, leur situation est proche de celle des enfants : ils n'ont pas de rôle politique, à quelques très rares exceptions près, quelques enfants-rois ou dalaï-lamas, ça ne fait pas beaucoup de monde. En revanche, dans un certain nombre de sociétés, les adolescents ont des rôles sociaux qu'ils n'avaient pas dans l'enfance. Ils sont intégrés dans l'armée, les ordres religieux (bonzes, moines, séminaristes…) ou dans les structures de production économique et industrielle.

Un autre Américain, le sociologue Jeffrey Jensen Arnett[1], s'est intéressé aux jeunes gens en Occident. Si, dit-il, les relations avec pairs et amis ont pris tellement d'importance au cours du XXe siècle, c'est surtout parce que, entre l'école, les loisirs et le travail, les jeunes se sont mis à passer plus de temps avec leurs pairs qu'avec leurs parents ; avant, c'était assez simple, ils travaillaient avec leurs parents. Autre raison : le rapide changement social, qui fait que les références sont recherchées auprès des pairs plus qu'auprès des parents. C'est le cas aux États-Unis et en Europe, mais aussi dans les pays en développement et en voie de modernisation rapide.

Voler du vernis à ongles ou trier le linge sale ?

Steven Pinker a rapproché le fonctionnement des groupes de pairs de l'inusable débat sur les rôles respectifs des gènes et de l'environnement dans la construction de la personnalité. Par « environnement », on entend généralement la famille et les parents, mais il y a un élément d'une immense importance qui est largement sous-estimé : le groupe de pairs. L'acquisition des normes et des compétences nécessaires pour fonctionner dans la société s'effectue au sein du groupe des pairs. Il suffit d'un tout petit peu de sens de l'observation pour voir que les enfants

1. Jeffrey Jensen Arnett, « Adolescents in Western Countries in the 21st Century », in *The World's Youth. Adolescence in Eight Regions of the Globe*, Cambridge University Press, 2002.

et les adolescents ne passent pas leur temps à essayer de ressembler à leurs parents : ils essaient plutôt d'être des enfants ou des adolescents qui fonctionnent bien dans leur société. Cela inclut une partie des valeurs des parents, mais une partie seulement. « L'obsession d'élever les enfants pendant plusieurs dizaines d'années est récente. Dans les sociétés de chasseurs-cueilleurs, et dans une bonne partie des sociétés traditionnelles, les mères portent leur enfant sur la hanche ou dans le dos, l'allaitent à la demande et le sevrent à l'arrivée du suivant deux à quatre ans plus tard. L'enfant est alors jeté dans un groupe où il rejoint frères, sœurs et cousins, avec une seule alternative : nager ou se noyer dans le groupe de pairs. »

Une situation que Paul Shepard décrit à sa manière : « Les hommes, comme les loups, commencent à laisser les jeunes sans surveillance à peu près au moment où ils se socialisent. En conséquence, les liens sociaux les plus forts sont formés avec les compagnons de portée plutôt qu'avec les parents. C'est le fondement de l'organisation de la meute. Les hommes se développent de la même manière partout, en faisant allégeance à un groupe de frères avec lesquels ils endurent l'installation et la mise à l'épreuve de leur prochaine maturité. » Un processus qu'on retrouve parfois sous des formes dégradées dans les « confréries » des universités américaines, les « totémisations » des mouvements de scoutisme, les actions des hooligans ou les bizutages des grandes écoles.

Des études confirment ce que tous les parents savent, mais ce que personne ne cherche à concilier avec les théories du développement : si les adolescents fument ou ont des démêlés avec la justice, cela dépend plus de ce que font les pairs que de ce que font les parents. Et quant à la théorie qui affirme que les enfants qui deviennent délinquants le font pour avoir un pouvoir et des privilèges d'adulte, Judith Rich Harris répond que « si les adolescents voulaient être comme les adultes, ils ne voleraient pas de vernis à ongles dans les grandes surfaces et ne se suspendraient pas à des ponts pour taguer sur le tablier "LIZA JE T'AIME". S'ils aspiraient à un "statut mature", ils feraient des choses ennuyeuses d'adultes, ils trieraient le linge sale et rempliraient leurs déclarations d'impôts. »

Non seulement les enfants sont attirés par les normes de leurs pairs, mais ils restent relativement imperméables aux attentes des parents, insiste-t-elle. Ce qui compte, c'est d'apprendre ce dont on a besoin pour se faire un statut parmi ses pairs, histoire d'avoir un peu d'avance pour l'étape suivante, celle où le jeune adulte entrera dans la compétition pour obtenir l'attention du sexe opposé. Cette hypothèse a l'intérêt d'expliquer des faits difficilement explicables autrement, la maîtrise de la langue par exemple. Comment se fait-il que l'accent des gens ressemble presque toujours à celui de leurs pairs quand ils étaient adolescents, et pas à celui de leurs parents ? C'est frappant chez les enfants d'immigrés, mais pas seulement. Cela dit, en s'adaptant aux groupes de pairs, les adolescents n'agissent pas en Martiens, ils agissent en Terriens adultes. Un adulte s'adapte à ses nouveaux collègues de travail, à ses nouveaux voisins et à ses nouveaux amis, il s'adapte aux mœurs de la nouvelle ville ou du nouveau pays où il habite. Et la mère qui peste parce que son fils exige un certain modèle de pantalon pour le skate serait mortifiée si on l'obligeait à « porter une salopette rose pour un conseil d'administration ou un tailleur en polyester fluo pour une conférence universitaire », dit Pinker, et il ajoute : être socialisé dans un groupe de pairs, c'est une manière de « vivre de façon réussie dans une société, ce qui, pour un organisme social, signifie simplement "vivre" ».

Par ailleurs, contrairement à une croyance répandue, y compris chez certains professionnels de la jeunesse, les bandes peuvent jouer un rôle positif extrêmement important. Y compris et surtout pour les adolescents qui ont eu une enfance difficile. Les psychologues commencent à s'apercevoir que les jeunes orphelins, les jeunes réfugiés, tous ceux qui ont été élevés loin de leurs parents, peuvent évoluer relativement bien s'ils ont dans leur entourage quelqu'un qui peut jouer le rôle de tuteur, un adulte mais aussi un pair ou un groupe de pairs. Ça ne veut pas dire qu'ils ont une enfance ou une adolescence heureuse mais, encore une fois, contrairement à ce qu'on a naturellement tendance à penser, les enfants malheureux ne deviennent pas forcément des adultes à problèmes. Et vice versa, comme l'explique de façon troublante et convaincante Boris Cyrulnik dans *Parler d'amour au bord du gouffre*[1]. Abordant la question de l'augmentation du nombre

1. Boris Cyrulnik, *Parler d'amour au bord du gouffre*, Odile Jacob, 2007.

d'adolescents angoissés ou déprimés issus de familles aimantes, il écrit : « Dans une civilisation tolérante, la famille qui donne au jeune la force de partir prend un effet d'entrave si elle n'est pas relayée par une communauté accueillante... Dans un tel champ de forces, la famille généreuse prend un goût de mélasse et la culture inabordable devient un supplice de Tantale. »

L'importance du groupe de pairs ne veut pas dire que la façon dont les parents élèvent leurs enfants compte pour rien, dit Pinker. Les parents ont un énorme pouvoir sur leurs enfants, ce qu'ils font a une énorme influence sur leur bonheur, mais « l'éducation est avant tout une responsabilité éthique. Il n'est pas bien que les parents maltraitent ou négligent leurs enfants. » Et pour être sûr d'avoir été bien compris, il ajoute : « Si vous jugez que l'impératif moral n'est pas une raison suffisante pour être gentil avec votre enfant, soyez gentil quand il est jeune pour qu'il soit gentil quand vous serez vieux. »

Pages, pionniers et charivaris

Historiquement, il y a toujours eu des groupes de jeunes gens, même si leur fonction et leur place sociales n'avaient rien à voir avec ce qu'elles sont aujourd'hui. Pendant des siècles, les pays d'Europe ont eu des groupes de pages et de petits paysans séparés de leurs familles à un âge encore tendre et réunis autour d'une même activité. Ailleurs dans le monde, il y a eu et il y a encore parfois le système des dortoirs pour adolescents (le plus souvent ce sont des garçons, mais pas toujours) dans les sociétés traditionnelles, chez les paysans japonais jusqu'au début du XXe siècle, en Amazonie, au Japon, chez les Muria en Inde, en Afrique, dans le Pacifique… Quel est le rôle de ces groupes d'adolescents ? Schlegel et Barry nous confirment que les pairs sont des « agents de socialisation », plus souvent chez les garçons que chez les filles, et de manière très différente selon les moments et les endroits. Plus la société est complexe et plus le groupe de pairs a des chances d'être étendu, d'avoir des âges resserrés et d'être reconnu comme légitime par la communauté.

À tous les stades de la vie, les humains ont tendance à se regrouper par tranche d'âge, mais encore plus à l'adolescence, cette sorte de parenthèse pendant laquelle les jeunes sont temporairement et partiellement délivrés de l'identification intense à leur famille, délivrés aussi de sa tutelle, et pas encore en charge de leur propre famille, avec conjoint et enfants. Du coup, le groupe des pairs peut être à l'origine d'attachements très intenses, mais qui se déferont largement quand viendra le temps des liens amoureux et du mariage. C'est vrai en Occident comme c'est vrai chez les Boran d'Afrique de l'Est où les jeunes partagent tout de manière égalitaire, en particulier les épreuves et le danger. Malgré tout, quand les hommes mûrissent et qu'apparaissent des différences de fortune, de mariage, d'influence et de fonctions, l'idée de fraternité subsiste, mais elle est érodée par les charges et les responsabilités. Les ambitions personnelles de l'homme et son investissement dans sa famille deviennent plus forts, ils sont même quasi opposés à l'idée de partage avec les camarades. « Le groupe perd de sa magie, même pour les plus dévoués de ses membres », remarquent Schlegel et Barry. Ce lien apparemment indéfectible, qui se distend avec le temps, mais dont il restera quelque chose jusqu'à la fin de la vie, on le retrouve dans toutes les situations où la relation a été nouée dans des conditions éprouvantes à l'orée de l'âge adulte. On pourrait citer la Résistance, le service miliaire israélien, les missions des soldats français en Afghanistan, et sans doute tous les combats où les jeunes gens se retrouvent frères d'armes.

En plus de sa fonction interne de formation pour chacun des jeunes qui en fait partie, le groupe a aussi parfois une fonction externe, pour la société. On a parlé des pages et des petits paysans des siècles passés. Il y a d'autres exemples : dans presque toute l'Europe, en France, en Allemagne, au Royaume-Uni, les groupes d'adolescents ont longtemps été responsables des *charivaris.* Du XIVe au XVIIe siècle, les jeunes de 14 à 25 ans étaient chargés de ridiculiser et de perturber certains mariages : ceux d'étrangers au village ou ceux d'hommes âgés avec des jeunes filles. Chez les Indiens Hopis aussi, les jeunes gens sont chargés de se moquer, cette fois des hommes qui profitent de l'absence d'un mari pour se glisser chez sa femme. D'une manière ou d'une autre, il y a toujours eu des sociétés pour utiliser les jeunes comme agents de contrôle social envers les adolescents ou les adultes. On a déjà parlé des Gardes rouges et des *bassiji* iraniens, il y en a beaucoup d'autres. Une étude datant des années 1960 a montré qu'en URSS, les groupes de pionniers, auxquels appartenaient la grande majorité des adolescents, allaient dans le sens de la conformité aux normes. Ils étaient chargés de l'application de la discipline sociale et du contrôle des comportements. C'était en fait le cas dans toute l'Europe socialiste, jusqu'à la chute du mur de Berlin. Et c'était l'opposé de ce qui se passait par exemple aux États-Unis où la pression des pairs allait plutôt dans le sens de comportements antisociaux.

Les filles dedans, les garçons dehors

L'enquête de Schlegel et Barry confirme ce qu'on avait observé : dans toutes les sociétés, on trouve des groupes de garçons sous une forme ou une autre. Ce n'est pas toujours le cas pour les filles. Et les groupes mixtes ? Difficile de répondre. Il est évident que le développement, depuis plusieurs dizaines d'années, de l'éducation mixte favorise leur formation, et il suffit de regarder la sortie des collèges et lycées pour voir que filles et garçons sont mêlés, même en dehors des classes. Pourtant, on l'a vu, les bandes proprement dites, c'est-à-dire les groupes qui passent beaucoup de temps ensemble, ne deviennent réellement mixtes que vers la fin de l'adolescence, et ils sont souvent réunis autour d'activités qui pourront se poursuivre à l'âge adulte : sport, groupes de musique, militantisme associatif ou politique…

Les filles, donc, sont moins systématiquement en groupes que les garçons. Dans les sociétés qui ont gardé un mode de vie traditionnel, racontent Schlegel et Barry, très souvent une fille passe une bonne partie de son temps avec les femmes de sa famille et accompagne sa mère dans ses activités en dehors de la maison. Les filles deviennent adultes dans la communauté des femmes de tous les âges et leur socialisation en tant qu'adultes se fait petit à petit. C'est différent pour le garçon (voir aussi le chapitre « Décalage »). Généralement, il n'accompagne pas son père et, s'il le fait, il est maintenu à la périphérie du groupe des hommes, littéralement et métaphoriquement. On ne lui demande pas son avis, la seule option qui lui reste est de trouver sa place dans un groupe de pairs. Pas étonnant que les groupes aient plus d'importance pour les garçons, puisqu'ils passent plus de temps que les filles avec des gens de leur âge. Dans la plupart des sociétés, le groupe de pairs masculin ne se forme pas seulement autour d'intérêts communs, c'est aussi une structure qui doit compenser d'un côté un attachement diminué à la famille, d'autre part le refus des hommes d'intégrer les jeunes gens. Alors que les filles sont plus souvent dirigées par les femmes adultes dans leurs activités, les garçons sont plus souvent dirigés par eux-mêmes. Le fait que les garçons soient plus impliqués dans les groupes de pairs a des avantages et des inconvénients. D'un côté, cela les prépare à des relations d'égal à égal dans la société où la compétition pour les ressources économiques et sexuelles doit coexister avec la coopération pour des buts communs à tous. De l'autre, le fait que compétition et coopération aillent ensemble rend leur adolescence plus difficile.

Pour les filles, dans la majorité des sociétés traditionnelles en tout cas, la compétitivité est moins forte. Puisque, comme le montre l'enquête des deux anthropologues, elles passent une bonne partie de leur temps avec les femmes de la famille, elles sont plus rarement en groupes et, quand elles le sont, il s'agit fréquemment de petits groupes. Les filles ont plus souvent une meilleure amie, parfois deux. Elles se déplacent généralement à deux, trois, maximum quatre, alors que les bandes de garçons sont rarement composées de moins de quatre ou cinq membres. Peut-être que le besoin de faire bande, d'être à plusieurs, est plus fort chez les garçons que chez les filles. Le besoin d'être à plusieurs, c'est sans doute aussi l'évitement de la proximité affective, proximité qui est au contraire recherchée par les filles. L'adolescence est peut-être l'âge où les modalités de l'amitié sont les plus différentes entre les deux sexes, les très intenses amitiés sont la règle chez les filles, moins chez les garçons.

Pourquoi cette différence ? Louann Brizendine, professeur de neuropsychiatrie à l'université de Californie (San Francisco), on l'a vu plus tôt, s'intéresse à ce qui se passe dans le cerveau des femmes. Elle explique que les filles passent beaucoup de temps à parler entre elles, et que les liens établis par la conversation activent les circuits du plaisir de leur cerveau. La conversation déclenche une sécrétion d'ocytocine, source de la sensation de plaisir. On se souvient qu'à la puberté, l'afflux d'œstrogènes fait monter la sécrétion d'ocytocine, cette hormone qui déclenche le bien-être de l'intimité et est à son tour déclenchée par lui. Quand les femmes, et en particulier les jeunes filles, parlent entre elles, leurs circuits du plaisir sont activés. Louann Brizendine affirme que, dans une journée, une femme utilise 20 000 unités de communication – des mots, mais aussi des gestes et des mimiques – contre 7 000 pour un homme. Non seulement les filles *parlent* plus que les garçons, ce que chacun aura noté, mais elles *expriment* plus, de manière générale. Les filles seraient donc plus liées par ce qu'elles *disent* ensemble, et les garçons par ce qu'ils *font* ensemble ? Pourquoi pas. C'est peut-être un peu schématique, mais sans doute pas complètement faux. D'ailleurs, on a bien l'impression que, à partir du moment où les groupes commencent à être mixtes de manière habituelle et plus de manière exceptionnelle, vers 15 ou 16 ans, ils associent les deux : ils parlent *et* ils font.

CHAPITRE 9

Moi, les autres, le reste du monde (3) : rituels, musique et terrorisme

Le voilà parvenu tout en haut, sur la plate-forme. Il est un peu essoufflé, son cœur bat fort. Il ferme les yeux, baisse la tête. Les chants des hommes et le rythme sourd des tambours montent jusqu'à lui. Il lève les bras, plie les genoux, pousse sur ses talons et plonge dans le vide.

Dans l'île de Pentecôte, une des quatre-vingt-trois îles du Vanuatu, les adolescents participent à un rituel annuel, le *naghol*, censé assurer une abondante récolte d'ignames. En compagnie des adultes, les jeunes garçons commencent par construire avec des branches une tour de vingt-cinq mètres de hauteur. Pendant que tout le village chante et danse, chacun, l'un après l'autre, grimpe jusqu'au sommet après avoir attaché à ses chevilles une corde de lianes. La corde ne doit être ni trop courte ni trop longue : sa longueur est calculée pour que les cheveux du plongeur effleurent la terre à l'atterrissage. Quand un garçon a réalisé son premier saut, on considère qu'il est passé de l'enfance à l'âge adulte. Il est autorisé à prendre femme.

Le *naghol* est un rite de passage qui associe les jeunes garçons aux hommes adultes et à toute la communauté, il annonce publiquement leur maturité sexuelle et sociale. Le *naghol* est spécifique à l'île de Pentecôte, mais toutes les sociétés traditionnelles ont des rites similaires, probablement inchangés depuis des millénaires. Dans la plupart des cultures, ces rituels concernent surtout les garçons. Peut-être parce que les filles peuvent le plus souvent acquérir leurs compétences sociales aux côtés des femmes adultes, contrairement aux garçons qui sont longtemps tenus à l'écart par les hommes.

Au-delà des différences, tous les rituels d'initiation dans le monde ont des éléments communs : la séparation d'avec le monde de la mère, l'intégration au groupe de pairs, les épreuves physiques et psychiques qui conduiront à l'intégration au groupe des hommes. « Les tests d'endurance et d'habileté sont une part essentielle et formelle de l'initiation, écrit Paul Shepard. Ils amènent l'adolescent à une compréhension plus complète de lui-même et à de nouveaux états de conscience. La douleur, l'épuisement, le danger, l'isolation, sont comme des drogues dangereuses... Les drogues et les boissons enivrantes élèvent aussi l'expérience de l'ordinaire au cosmique. Le candidat a peu de chances d'oublier ce qui s'est passé. Plus important encore, il a appris sa propre capacité à endurer... L'épreuve le lie à ses compagnons et révèle de nouvelles profondeurs en lui-même. » Ces rites de passage qui tournent autour du thème de la mort et de la renaissance sont des cérémonies d'une grande intensité qui amènent le garçon à régresser, à se laisser envahir par les peurs infantiles. Leur fonction est de préparer les adolescents à une vie nouvelle, mais aussi de constituer des « petits groupes d'hommes liés rituellement ».

À première vue, quand on imagine ces groupes d'hommes immergés dans le rituel ancestral, on ne voit pas bien ce qu'ils pourraient avoir de commun avec les bandes ordinaires de nos villes. Et pourtant, quand Steven Pinker écrit que « les rites de passage, l'âge de la majorité, les diplômes, les permis et autres documents légaux tracent des lignes précises que toutes les parties peuvent se représenter mentalement et qui font savoir à tout un chacun où se trouvent tous les autres », on se dit que, malgré tout, les bandes de skateurs et de vidéo-gameurs, les étudiants des grandes écoles en période de bizutage, mais aussi ces groupes de jeunes certes très particuliers que sont les sectes, les groupes terroristes et toutes les escouades de combat (physique, politique, religieux...) en général, sont peut-être un écho de ces groupes liés par des rites initiatiques hérités de milliers de générations. Même si les rites contemporains ont quelque chose de dérisoire et sans cohérence, ou au contraire de caricatural et factice.

Qu'il s'agisse du bizutage pratiqué dans les écoles ou les armées, qu'il s'agisse des pratiques et des marques corporelles des groupes urbains (nourriture, consommation de drogues et alcools, musique, vêtements, cheveux, tatouages, piercings), les néo-rituels actuels ne répondent qu'en partie à la définition d'un rituel et de ce qui le différencie d'un comportement ordinaire. Un rituel traditionnel est formel, stéréotypé, répétitif et surtout, il est établi par quelqu'un d'autre que celui qui l'exécute.

Un néo-rituel a d'autres caractéristiques. Le sociologue David Le Breton a longuement travaillé sur certains de ces néo ou pseudo-rituels, en particulier les tatouages et les piercings. Dans *Signes d'identité*[1], il explique que « dans de nombreuses sociétés humaines, les marques corporelles sont associées à des rites de passage à différents moments de l'existence ou bien elles sont liées à des significations précises au sein de la communauté. Le tatouage a ainsi une valeur identitaire, il dit au cœur même de la chair l'appartenance du sujet à un groupe, à un système social, il précise les allégeances religieuses, il relie au cosmos. » Aujourd'hui, le sens des rituels est quasi opposé. « Si la marque des sociétés traditionnelles répète des formes ancestrales inscrites dans une filiation, les marques contemporaines, à l'inverse, ont d'abord une visée d'individualisation. » Bien sûr, il arrive que le tatouage et le bijou du piercing constituent un mode « d'affiliation à une communauté flottante » ou, plus rarement, qu'ils signent l'appartenance à un groupe particulier, comme

1. David Le Breton, *Signes d'identité*, Métailié, 2002.

c'est le cas chez les Pachucos, un gang californien composé d'adolescents d'origine mexicaine, qui se font graver une croix entourée d'étoiles entre le pouce et l'index. Mais la plupart du temps, au contraire, « la marque corporelle signe l'appartenance à soi... C'est un rite personnel pour se changer soi en changeant la forme de son corps... un rite intime de passage, un rite de contrebande. »

La différence que David Le Breton fait entre le tatouage traditionnel et celui des jeunes Français de la fin du XXe siècle qu'il a rencontrés pourrait être appliquée à tous les rites. C'est globalement la même différence qu'entre le *naghol* et le saut à l'élastique. D'un côté, un rite qui relie à la société, aux autres générations et aux grandes étapes de la vie. De l'autre, un acte qui demande un instant de courage physique, mais qui n'a d'autre signification que cet instant, une sorte de rite privé et sans doute narcissique qui n'a pas de sens évident pour le reste de la société. Souvenons-nous de ce que disait Paul Shepard : affronter une vague avec une planche ou une montagne avec un piolet n'est peut-être pas l'exact équivalent de la chasse à l'éléphant, toutes les épreuves et tous les rituels ne sont pas forcément interchangeables. Soit, mais la probabilité de tomber sur un mammouth ou un éléphant est assez faible pour les adolescents d'aujourd'hui. Alors que faire ?

Faute de chasse…

Les comportements de rébellion, de délinquance ou de violence peuvent être liés au goût du risque ou au fonctionnement de la bande. Ils peuvent aussi être vus comme une tentative pour combler l'absence de rituels initiatiques qui aient du sens pour soi et pour les autres et qui permettent une transmission entre les générations. Ils peuvent être compris comme une agressivité ritualisée avec plus ou moins d'efficacité et comme un moyen de souder un groupe. Dans l'attitude du rebelle, il y a un côté prise de risque plus ou moins contrôlé. Il y a aussi un côté « je fais mon malin devant la bande ». Ou encore « je gagne mon statut de leader, ou d'opposant, ou de tête brûlée ».

La délinquance et les conduites illégales sont toujours le résultat de causes psychologiques et sociologiques complexes. Elles ont des définitions hautement variables et très relatives mais, dans notre société en tout cas, l'adolescence est l'âge des conduites antisociales, même chez ceux qui seront plus tard des adultes totalement intégrés et conformes. On a déjà cité cette étude britannique qui montre que la délinquance juvénile démarre à 13 ans, atteint un pic vers 17 ans et diminue ensuite pour disparaître presque complètement. Selon les pays et les délits, la délinquance concerne 1 à 6 % des jeunes de 10 à 17 ans. La plupart des délits sont commis par des 15 à 17 ans, surtout des garçons. Les conduites illégales sont essentiellement des délits contre les biens (vols, déprédations), même si certains pays mêlent dans leur définition de la délinquance juvénile des choses qui n'ont strictement rien à voir en termes de gravité : trafic et consommation de drogue, ivresse, agressions, incendie volontaire, cruauté envers les animaux, fugues, injures, bagarres, meurtres, vol, mauvais comportement sexuel... Quel que soit le pays concerné, les délits les plus fréquents sont le vol et la violence physique. Mais tous les comportements antisociaux ne sont pas agressifs ou dirigés contre quelqu'un. On peut commettre des actes de délinquance juste pour le fun, pour braver la loi ou pour obtenir quelque chose d'interdit : une relation sexuelle ou un bien matériel. Enfin, la plupart du temps, la violence est dirigée contre un pair ou contre quelqu'un d'extérieur à la communauté. Soit parce que les adolescents n'ont pas envie de s'attaquer aux adultes et aux enfants, soit parce que l'interdit est très fort.

En fait, disent Schlegel et Barry, plus de la moitié des sociétés n'attendent pas de comportement antisocial de la part des adolescents, c'est de la part des adultes qu'elles l'attendent. Est-ce vraiment différent dans nos sociétés urbaines ? La réponse est dans le sens de l'expression « délinquance juvénile ». D'un délinquant juvénile, nous attendons des comportements « antisociaux », mais pas n'importe lesquels : petits larcins, petits trafics, petites bagarres, tags dans des endroits interdits, entrées par effraction dans un réseau Internet (comme ce hacker qui a pénétré dans le réseau du Pentagone), vols d'inconnus ou de magasins, provocations envers la police et l'autorité en général... bref des jeux de gendarmes et voleurs. Comme si la « délinquance juvénile » répondait à l'injonction : « il y a des interdits mais, si tu dois les braver, respecte la bonne manière de le faire ». Une injonction valable partout : chez les Indiens Gros Ventres du Montana, on ne s'attend pas à ce que les jeunes volent dans les centres commerciaux, mais on s'attend à des vols en bande de la viande mise à sécher par les femmes, et chez les Masai, le délit « normal » est le vol de vaches par des adolescents isolés.

Les filles, là encore, se distinguent des garçons. Dans toutes les cultures, elles ont moins de comportements antisociaux en général et de violence en particulier, peut-être parce qu'elles restent souvent proches des femmes adultes. Ce que semble confirmer le fait qu'il y a d'autant plus de comportements antisociaux chez les garçons qu'ils sont éloignés de la compagnie des hommes adultes. Par ailleurs, la déviance des filles consiste la plupart du temps à enfreindre des interdits sexuels, même si elles peuvent aussi être impliquées dans des fugues, des vols et des affaires de drogue. En fait, dans la plupart des cultures, leur comportement antisocial consiste essentiellement à faire des choses interdites pour elles mais autorisées pour les adultes ou les garçons : quitter la maison quand elles le veulent et avoir les relations sexuelles qu'elles veulent, un point qui reste particulièrement conflictuel dans les sociétés (musulmanes en particulier) où l'honneur des hommes repose dans le corps des femmes. Traditionnellement, les filles ne sont qu'exceptionnellement les auteurs de violences physiques, même si cela semble être en train de changer en Occident. Depuis quelques années, on commence à voir des filles qui ont des comportements violents. La différence entre les deux sexes, c'est que la violence des filles est très vite proche de la pathologie, alors que ce n'est pas le cas chez la plupart des garçons.

Pour en revenir à la violence des garçons, on a vu qu'elle était sans doute liée au fait que les adolescents sont longtemps tenus à distance par les hommes adultes. L'historien Robert Muchembled va encore plus loin. Il affirme que, dans notre société, depuis des siècles, la violence et le meurtre en particulier sont liés à un problème de transmission entre les générations. Il ajoute que si les auteurs des violences sont souvent les jeunes gens, la cause de ces violences est du côté des pères. Dans son livre *Une histoire de la violence*[1], il montre que, depuis le XIVe siècle en Europe, la violence est masculine à 90 %, et jeune : la plupart des auteurs de violences sont des hommes de 20 à 30 ans. Le schéma habituel est que les jeunes mâles célibataires cherchent à entrer dans la société adulte et que les hommes adultes les maintiennent à l'écart le plus longtemps possible. La violence juvénile est le résultat de cette tension et de cette attente pour l'accès au pouvoir, aux femmes et aux

1. Robert Muchembled, *Une histoire de la violence. De la fin du Moyen Âge à nos jours*, Seuil, 2008.

biens. En fait, on retrouve là le schéma repéré par Schlegel et Barry dans la plupart des sociétés. En temps normal, le *deal* est clair : les jeunes hommes respectent la propriété et les femmes de leurs aînés. En échange, ils savent qu'ils y auront accès plus tard. Mais si, pour des raisons politiques ou économiques, l'accès est ralenti ou interdit, si les « procédures de transmission du flambeau social » sont insuffisantes, il y a rupture du contrat et explosion de violence. Encore une fois, celle-ci est attendue et comprise par la société.

Parmi les différentes formes prises par cette violence jeune et masculine, on pourrait citer l'exemple des hooligans qui s'affrontent dans des combats codifiés (il y a peu d'armes et les hooligans s'en prennent généralement à d'autres hooligans) où l'important n'est pas de blesser ou de tuer mais de dominer l'adversaire. Muchembled parle aussi des Apaches (ces bandes violentes qui terrorisaient les faubourgs parisiens vers 1910 et qui ont disparu quand le surnombre de jeunes gens a été absorbé par la Grande Guerre) et de leurs équivalents anglais, les *scuttlers*, ou encore des Blousons noirs des années 1960 qui ont disparu quand le surnombre de jeunes hommes nés avec le baby-boom a été absorbé par la croissance économique. Pour l'historien, les violences des banlieues, notamment celles de 2005, s'inscrivent dans le même mouvement. Et leur caractère « proto-politique[1] » rappelle les révoltes

1. Selon l'expression du sociologue Gérard Mauger.

paysannes du XVIIe : on y retrouve le même sentiment d'injustice et la même dimension de fête. « Le fossé entre les générations se creuse donc moins par la volonté des fils rétifs ou agressifs que par celle des pères qui veulent imposer un long rite de passage. »

Musique, religion et terrorisme

La violence peut donc être une révolte contre un rite de passage vécu comme trop long, trop dur, trop injuste. On a vu qu'elle pouvait aussi être une manière de remplir le vide laissé par l'absence de rites de passage qui aient un sens pour les adolescents et pour l'ensemble de la société. Cela dit, il existe dans le monde contemporain des rites très particuliers qui ne concernent pas le plus grand nombre, mais qui ont la même intensité et sans doute le même pouvoir d'inspiration que les rites traditionnels.

Les anthropologues Candace Alcorta (de l'université du Connecticut) et Richard Sosis (de l'université hébraïque de Jérusalem) s'intéressent aux rites et à la musique chez les adolescents. Ils s'intéressent aussi à la religion et au terrorisme. Il existe un lien entre toutes ces choses, disent-ils : les rituels religieux ont tendance à être encore plus élaborés que les autres et ils incluent généralement du mystère, de la musique, des chants et des danses. La musique est un composant de base des rituels humains aussi bien dans les sociétés industrielles que dans les sociétés traditionnelles. Jouée, chantée ou dansée, elle accompagne presque partout les rituels de mariage mais aussi beaucoup de rituels religieux ou séculiers qui ont pour fonction de définir les limites du groupe, d'intégrer les nouveaux membres, de renforcer les liens.

La musique a des effets biologiques sur ceux qui l'écoutent (elle modifie le rythme cardiaque, la pression artérielle et la conductance de la peau), mais surtout elle provoque chez tous les êtres humains un profond plaisir et de fortes émotions. On dit que la musique adoucit les mœurs, c'est souvent vrai. Ce qui est sûr, c'est qu'elle modifie l'humeur et qu'elle crée un lien entre ceux qui l'écoutent. Chez les adolescents en particulier, l'appartenance à la bande se fait souvent autour de l'adhésion à une musique et du rejet (violent) d'une autre musique. On se définit à peu près autant par la musique qu'on déteste que par celle qu'on aime. Et ceci d'autant plus que l'adhésion à une musique est aussi liée à d'autres choix : de vêtements, de mode de vie ou d'opinions politiques. Du point de vue d'un adolescent de 16 ans, il y a quelque chose de définitivement irréconciliable entre ska, rap et techno. Ca n'est pas totalement différent chez les adultes, mais c'est peut-être moins marqué et moins exclusif. Eux peuvent parfois mélanger, eux peuvent parfois aimer et Stockhausen et Bob Marley. Parfois.

Candace Alcorta et Richard Sosis se sont donc penchés sur la religion et sur le terrorisme en relation avec les adolescents. Ce n'est pas, évidemment, que tous les adolescents soient intéressés par le terrorisme. Le terrorisme, en revanche est très intéressé par les adolescents. Il est frappant de voir comment les groupes d'inspiration religieuse – essentiellement des groupes islamistes mais aussi des groupes sikhs, hindous... – qui pratiquent le terrorisme (et en particulier les attentats-suicides) utilisent de manière très efficace les particularités de l'adolescence. La religion n'est pas la cause des conflits, disent Alcorta et Sosis, mais un outil utilisé par les terroristes pour atteindre leurs buts. Elle permet d'inciter les recrues à se sacrifier en les amenant à penser qu'elles participent à une entreprise de signification divine. Elle permet d'incorporer des symboles, des mythes et des rituels très forts émotionnellement et donc inoubliables, qui pourront galvaniser et unir le groupe. Dans toutes les religions, remarquent Alcorta et Sosis, on retrouve quatre traits transculturels : la participation commune à des rituels coûteux, la croyance en un agent surnaturel et en des vérités contre-intuitives (une mère vierge), la séparation du sacré et du profane et l'adolescence comme phase critique pour la transmission des valeurs religieuses. Ces quatre traits permettent aux groupes terroristes de résoudre les problèmes d'engagement et de coopération de groupe. Ce qu'on sait de l'adolescence – période sensible aux signaux émotionnels et symboliques, augmentation de la prise de risque, modification du circuit de récompense dans le cerveau... – explique qu'elle soit « un âge idéal pour attirer les recrues, les exposer à des croyances sacrées et les engager dans des comportements à haut risque ».

Les deux anthropologues affirment que ces quatre traits communs à toutes les religions dérivent de systèmes rituels extrêmement anciens. Dans les sociétés contemporaines, ils ont encore une grande efficacité dans les groupes terroristes, que ceux-ci soient religieux ou pas, comme les Tigres tamouls du Sri Lanka. Les terroristes ont un lien très fort de loyauté à leurs camarades et de dévotion à leurs leaders. Ils ont un système d'initiation et de rituels qui indique à une communauté le niveau d'implication d'un individu. Ils ont souvent en commun un rituel de testament vidéo avant l'attentat. Il ne s'agit pas seulement d'immortaliser le kamikaze, mais, plus prosaïquement, d'établir un contrat non dénonçable. Une fois qu'on a enregistré une vidéo, il est nettement plus difficile de faire défection. Dans ce cadre, les rituels ne servent pas tant à identifier ce qui est sacré qu'à le créer : c'est à travers eux que les initiés apprennent quelles choses sont sacrées. Quand un groupe vit collectivement ces rites, dans l'évocation (souvent avec l'aide de la musique) d'émotions partagées, il se crée entre ses membres une communauté de motivation aussi bien que de croyance.

Si on se souvient que l'adolescence est un âge d'hypersensibilité sociale et biologique, on comprend pourquoi une bonne partie des terroristes ont commencé leur vie militante pendant cette période, même si les attentats-suicides ont parfois lieu plus tard. Si on commence à chercher les organisations qui ont visiblement fondé de grandes espérances sur l'âge tendre de leurs combattants, on réalise qu'elles sont très nombreuses : les Tigres tamouls qui ont recruté, de gré ou de force, des milliers de garçons à partir de 13 ans, la Renamo du Mozambique qui a enlevé de jeunes enfants à partir de 11 ans avant de les soumettre à une initiation rituelle à la violence. Mais aussi les groupes terroristes ou sectaires de Palestine, du Sierra Leone, du Sentier lumineux, des FARC, des Khmers rouges, des madrassas pakistanaises, de l'IRA irlandaise… Avec un résultat habituel parfaitement décrit par Boris Cyrulnik dans *Autobiographie d'un épouvantail.* « Quand un groupe clos n'admire que lui-même, l'isolement idéologique organise une situation de perversion culturelle, comme ce fut le cas du nazisme, comme c'est le cas aujourd'hui de l'islamisme et des sectes… Chaque adepte éprouve un immense bonheur en se soumettant au Maître adoré et en récitant ses maximes vénérées. Dans une telle relation, l'autre homme, l'autre culture n'existent pas vraiment, ils ne sont que l'image floue que Narcisse se fait d'eux [1]. »

Encore une fois, il n'est pas question, ce serait absurde, de donner une explication unique à des phénomènes qui ont des causes sociales et politiques complexes mais, malgré tout, on peut là encore les rattacher à un problème de transmission entre les générations, comme celui que relevait Muchembled. Dans sa description de l'ancienne société de chasseurs qui aurait

1. Boris Cyrulnik, *Autobiographie d'un épouvantail*, Odile Jacob, 2008.

été celle de nos ancêtres, Shepard décrit ce moment clé du début de la soirée où les chasseurs, jeunes et anciens mêlés, se racontent la chasse. Il décrit aussi comment les jeunes garçons d'aujourd'hui tentent de continuer ce rituel quotidien où la mise en scène des événements de la journée est narrée comme un fragment d'histoire ou de mythe... sauf que les garçons des temps modernes restent entre eux et doivent se contenter d'anecdotes qui sont des fins en elles-mêmes. On n'est pas obligé d'adhérer totalement à la nostalgie de Shepard pour cet âge d'or supposé de l'homme chasseur, mais quelque chose sonne juste quand il ajoute que seuls les individus mûrs « ont la sagesse pour lier les nouveaux événements aux anciens et l'expérience de la réalité au temps du rêve. Pour les garçons modernes, c'est à ce moment que toute l'entreprise s'effondre. Comme des lions nés dans un zoo essayant d'enfouir les restes de carcasses dans le sol de ciment, les jeunes gens se réunissent à la fin de la journée... sauf qu'il n'y a personne pour faire tourner la roue de la transmission. De manière autiste, ils le font eux-mêmes. Ensemble, ils construisent une mythologie de clan qui ne répond pas aux besoins et qui est la route assurée vers la désillusion et le cynisme. »

Avec la disparition du rôle joué par les vieux chasseurs, dit Shepard, l'aventure adolescente s'effondre et « l'inquiétude normale sur l'identité va se transformer en narcissisme, grégarité, rejet de ce qui n'appartient pas au groupe et intolérance ». Un groupe sans lien avec son histoire « doit se créer un passé. La bande est son seul espoir. Elle invente ses propres pseudo-traditions. La fidélité à la bande donne l'illusion d'avoir une histoire et une éthique. » Sauf que ce mécanisme est fallacieux et dangereux. Quand l'action politique est dominée par ce genre de groupes, « ses membres mettent toute leur foi dans la force de leurs propres idées... Chaque individu a une idée sociale ou politique qui fait qu'il se sent mieux, donc il doit avoir raison. Il s'attache à une abstraction... fascisme, communisme, racisme, et est verrouillé dans un idéalisme sans compromis, une moralité exagérée, une répudiation de l'histoire, l'agression de masse et autres violences. L'idéologue, c'est l'adolescent non reconstruit. »

CHAPITRE 10

Où on va enfin comprendre pourquoi l'adolescence a été inventée

À moins que vous n'ayez passé ces dernières années sur Mars ou dans l'Antarctique, ça n'a pas pu vous échapper. Chaque année en France, entre le mois de janvier et le mois d'avril, des garçons et des filles apparaissent pendant quelques jours dans les bureaux, les ateliers, les magasins, tous les lieux où travaillent des adultes. Les garçons sont petits, encore charmants et vifs ou déjà bougons et patauds, certains ont encore leur soprano d'enfant, d'autres commencent à croasser, mais une chose est sûre, ils n'ont pas plus leur voix d'homme que l'espoir d'un duvet sur les joues. Les filles sont grandes, elles ont leur taille, leurs seins et leurs fesses d'adulte, elles bougent et parlent comme des jeunes femmes, elles rayonnent de sensualité juvénile, certaines sont de vraies petites bombes sexuelles. Ce rituel social qui existe depuis une quinzaine d'années s'appelle *stage de troisième en entreprise.* Les garçons et les filles viennent des mêmes collèges et des mêmes classes, ils ont tous le même âge : 15 ans. Bien sûr, vous l'aviez remarqué, le décalage de maturité entre les sexes est spectaculaire.

Un bug de l'Évolution ?

Le sommeil chamboulé, l'avachissement, le goût du risque et le reste… l'ensemble des symptômes adolescents, on commence à bien connaître. Et pourtant, c'est le moment de l'avouer, on a souvent le sentiment que les filles ne sont pas concernées exactement de la même manière que les garçons, et pas exactement au même moment. Comme s'il y avait un décalage entre les deux sexes. En fait, à y regarder de plus près, il semble que l'adolescence, telle qu'elle est vécue chez nous, Occidentaux du XXIe siècle, soit soumise non pas à un *simple*, mais à un *triple* décalage.

D'abord le décalage (ou le déplacement) des bornes de la puberté et de l'adolescence. Depuis quelques décennies, on l'a vu, la puberté arrive plus tôt. En cent cinquante ans, l'âge moyen des premières règles chez les jeunes filles est descendu de 17 ans à 12 ans. Il existe sans doute un changement équivalent chez les garçons, même s'il est plus difficile à évaluer. En un peu plus d'un siècle, le démarrage plus précoce de la puberté, surtout pour les filles chez qui les hormones sexuelles apparaissent dès 9 ou 10 ans, a avancé certains événements de la maturation cognitive et émotionnelle, tandis que d'autres ont un timing inchangé : ils continuent à se dérouler au même moment qu'autrefois et ne se terminent que longtemps après la puberté, bien au-delà de 20 ans. Du coup, tous les processus (jugement, planification, régulation des émotions...) qui étaient en place trois ou quatre ans après le début de la puberté ne le sont maintenant que sept ou huit ans après. Si on ajoute les changements économiques, sociaux, politiques et culturels, l'écart est encore plus grand puisque, dans les pays industrialisés, l'âge d'entrée dans la vie sociale adulte est nettement plus tardif qu'autrefois. Au cours de leur enquête à travers 186 populations et cinq continents, les anthropologues Alice Schlegel et Herbert Barry ont constaté que, dans 63 % des sociétés traditionnelles, les filles se mariaient dans les deux ans qui suivent la puberté. Chez les garçons, la possibilité de prendre femme est souvent liée à la maîtrise de certaines aptitudes (chasse, pêche et autres compétences sociales) mais, malgré tout, dans 64 % des cas, ils sont mariés dans les quatre ans suivant la puberté. Rien à voir avec notre société où le temps d'attente pour accéder à la plupart des fonctions sociales occupées par les adultes – premier emploi, achat de maison, mariage ou parentalité – est de dix ans minimum. Dans les sociétés industrialisées, on a donc cette configuration unique dans l'histoire de l'humanité, où les deux bornes de l'adolescence ont été considérablement écartées l'une de l'autre. La borne inférieure est avancée à cause du début précoce de la puberté et la borne supérieure est repoussée à cause du retard de l'entrée dans le monde des adultes. Résultat : l'adolescence qui durait autrefois deux à quatre ans s'étend aujourd'hui sur une période de huit à quinze ans. Cela fait beaucoup plus longtemps. Cela fait aussi beaucoup plus de monde, ce qui ne peut pas ne pas avoir de conséquences, on y reviendra.

Il y a ensuite ce spectaculaire décalage de maturité entre les sexes, celui qui saute aux yeux quand on regarde nos stagiaires de troisième. C'est bien simple, les filles ont au minimum deux ans d'avance sur les garçons pour ce qui concerne la croissance, mais aussi la maturité du corps et du comportement. C'est absolument flagrant entre 11 et 16 ans, mais ça se prolonge encore quelques années. Pour les garçons, ce retard est une source de difficultés et de frustration, dont ils gardent longtemps un souvenir cuisant. Les filles, elles, semblent s'en arranger assez bien. Au moment où leur intérêt sexuel s'éveille, c'est quasi automatique, elles ne *voient* même plus les garçons de leur âge, seuls les intéressent ceux qui ont au moins deux ans de plus qu'elles.

Dernier point, différent du deuxième même s'ils sont liés : quelles que soient l'époque et la culture, qu'on se trouve dans une société traditionnelle ou dans une société industrialisée, il existe un invariant que nous avons tendance à sous-estimer mais qui devrait nous mettre la puce à l'oreille, remarque l'anthropologue américain Barry Bogin [1], actuellement à l'université de Loughborough en Grande-Bretagne. Chez les filles, la maturité physique précède de plusieurs années la maturité sexuelle, alors que chez les garçons, c'est l'inverse, ce qui aggrave encore le deuxième décalage. Vous suivez ? Alors même que les garçons sont mûrs sexuellement, dans leurs désirs et dans leurs capacités à mener une relation sexuelle, pour tout le monde, y compris pour leurs parents, leurs rivaux plus âgés, et surtout les filles, ils ont l'apparence de petits garçons inoffensifs et asexués. C'est très dur pour eux, c'est très intrigant pour nous tous. Comment se fait-il que des centaines de milliers d'années d'évolution humaine aient abouti à ce qui ressemble à un raté ? Et si ce n'est pas un raté, pourquoi ce décalage ? Ce qui nous amène à une question essentielle : « À quoi peut bien servir l'adolescence ? » À première vue, la réponse n'est pas évidente : on ne voit pas très bien en quoi passer ses matinées à dormir ou s'effondrer sur tout ce qui ressemble à un siège est un grand pas pour l'humanité. Cela ressemblerait plutôt aux effets secondaires d'un autre changement utile à l'espèce humaine. Mais lequel ?

---

1. Barry Bogin, *Patterns of Human Growth*, Cambridge University Press, 1988.

Le viol de l'orang-outan...

Pour essayer de comprendre, remontons très loin en arrière et essayons de retrouver l'adolescent primordial. Est-ce que Lucy l'Australopithèque et *Homo habilis* avaient leur variété d'adolescent ? Est-ce que les hominoïdes au petit crâne, aux arcades sourcilières marquées et au langage rudimentaire qui vivaient en Afrique de l'Est il y a 800 millions d'années et qu'on appelle *Homo erectus* avaient déjà leurs teenagers ? En fait, la question est toujours débattue, les spécialistes ne sont pas d'accord entre eux. Certains prétendent avoir trouvé la preuve de l'adolescence dans les fossiles de nos ancêtres, d'autres assurent qu'*Homo erectus* avait un développement proche de celui des grands singes (sans la poussée de croissance qui, on s'en souvient, est un des signes de l'adolescence humaine), d'autres encore voient une poussée de croissance et donc une marque de l'adolescence chez les grands singes. On n'essaiera pas de trancher ce débat mais voyons les arguments avancés.

En ce qui concerne les singes, tout le monde est d'accord pour dire qu'ils passent par un stade bébé et un stade juvénile. Mais ensuite ? Pour savoir si le singe passe par un stade adolescent, des primatologues ont d'abord cherché un pic de croissance et certains ont vu que, lorsque les chimpanzés atteignent leur maturité sexuelle, ils ont une accélération de la croissance des bras et des jambes, comme les hommes, mais moins marquée. D'autres ont cherché des signes de l'adolescence dans les comportements. Des chercheurs français, notamment, ont étudié la longue période de transition post-juvénile du mandrill. Ce singe d'Afrique de l'Ouest apparenté au babouin est doté d'une énorme tête et d'un très long nez rose foncé, mais ce qui nous intéresse, c'est que, chez le mâle, la descente des testicules se fait à 4 ans, alors qu'il ne prend ses caractères adultes (couleurs, pelage) qu'à l'âge de 10 ans. Pendant cette longue période de transition, le comportement du jeune mâle évolue : au début, il préfère interagir avec d'autres jeunes mâles ; plus tard, il devient moins joueur, il interagit surtout avec les adultes, mâles et femelles, et se comporte de manière plutôt agressive envers les autres jeunes. Plus intéressante encore, cette observation faite chez les orangs-outans. Dans cette espèce, les mâles ont une particularité appelée « développement arrêté », qui est influencée par le contexte social. Les orangs-outans atteignent la maturité sexuelle autour de 12 ans, mais ils n'auront les caractères d'un mâle adulte (grosses joues, poche de gorge qui amplifie les cris, barbe et long manteau de poils dorsaux) qu'entre 15 et 20 ans. Les mâles subadultes (8 à 15 ans) sont capables de se reproduire, mais ils gardent un aspect proche de celui des femelles adultes, ce qui pourrait presque être une description de jeune adolescent humain. C'est seulement lorsque le contexte s'y prête, essentiellement en l'absence de « mâle résident », qu'ils commencent à développer les caractères physiques et le comportement du mâle adulte, une transformation qui peut se faire en quelques mois. La transformation physique s'accompagne d'une transformation des stratégies d'accouplement. Un mâle subadulte qui n'a pas de territoire ne connaît qu'une stratégie pour trouver des femelles réceptives : il rôde et, quand il en trouve une, il lui impose une copulation. Chez les humains, on appelle ça un viol. Ce comportement de viol n'existe pas chez le mâle adulte qui a une stratégie nettement plus raffinée : il lance des appels pour signaler sa présence aux femelles, et ce sont elles qui viennent le chercher. Lorsqu'elles ont le choix, les femelles préfèrent les mâles adultes mais, pour ce qui est de la fécondation, les deux formes d'accouplement ont la même efficacité.

Fort bien, direz-vous, mais, aussi intéressants que soient la descente de testicules du mandrill et le viol de l'orang-outan, il est difficile de les voir comme des preuves définitives que les singes ont bien une adolescence. C'est tout à fait juste : mettons-nous donc d'accord sur le fait que c'est un faisceau d'arguments relativement mais pas totalement convaincants et allons maintenant voir ce qui se passait chez nos ancêtres les pré-hommes. Là encore, tous les paléoanthropologues sont d'accord sur un point : l'adolescence existe depuis que *Sapiens* est *Sapiens*, disons depuis 200 000 ans. Mais avant ? Plus personne n'est d'accord. Pour Bary Bogin, les choses sont très claires : le pic de croissance est unique à *Sapiens*. Tous ses collègues ne partagent pas ses certitudes, loin de là, mais le problème, c'est que la recherche de preuves est encore plus compliquée chez les hommes disparus que chez les singes actuels. Chez *Habilis* (il y a 2 millions d'années) ou chez *Erectus* (il y a 1 million d'années), plus rien à observer directement, ni croissance ni comportement, nous arrivons un peu tard. Tout ce qui nous reste, ce sont quelques os fossiles, et encore. Vu la modeste quantité de squelettes retrouvés, ce n'est pas toujours évident de dire quel âge avait le propriétaire des fémurs ou des humérus exhumés, mais voyons quand même. Pour peu que la manière dont on a réussi à faire parler ces fragments de squelettes soit fiable, il semble que les os d'un *Homo habilis* d'une taille d'1,60 m découvert il y a quelques années soient ceux d'un organisme à la fois trop immature pour être un adulte et trop grand pour être un enfant. Cet *Habilis* d'1,60 m serait l'adolescent primordial que nous recherchions, certains paléontologues en sont persuadés. En attendant d'autres squelettes et une éventuelle confirmation, on adoptera une position moyenne par rapport au débat scientifique : l'adolescence n'est complète que chez *Sapiens*, mais il en existe des ébauches chez les singes et chez nos ancêtres. Reste à comprendre pourquoi elle est apparue chez nos ancêtres directs ou lointains. Et on en arrive à l'hypothèse de Barry Bogin.

En dehors des tout premiers mois après la naissance, fait-il remarquer, l'adolescence est le seul moment de la vie où se produisent des changements aussi radicaux, autant dans l'aspect physique que dans les relations aux autres. Pourquoi l'évolution a-t-elle favorisé l'émergence de cette période ? Bogin, on l'a vu, pense qu'un pic de croissance de cette ampleur est unique à l'homme. Comme le langage, la bipédie et deux ou trois autres particularités, notamment une culture très complexe, ce pic est une des caractéristiques qui font de l'homme ce qu'il est. Par rapport aux grands singes, qui passent par le stade « bébé » et le stade « juvénile », l'homme, dit Bogin, a intercalé deux stades supplémentaires. L'enfance, qui commence au sevrage, entre 2 et 3 ans et finit quand le petit peut s'occuper de se nourrir, vers 7 ans. Et l'adolescence, qui commence entre 10 et 11 ans chez la fille, entre 11 et 12 ans chez le garçon, et finit vers 19 ans chez la fille, entre 21 et 23 ans chez le garçon, lorsque la taille adulte est atteinte et que les « aptitudes biosociales nécessaires à la reproduction » sont acquises.

Habituellement, on lie cette « invention » de l'adolescence au fait que les humains sont des singes néoténiques. Cela signifie qu'il y a chez eux persistance à l'âge adulte de traits juvéniles (absence de poils, front bombé, taille du cerveau...), mais aussi que, à la naissance, ils sont moins mûrs que les autres, ce sont en quelque sorte des singes nés prématurés. À cause de cela, ils ont besoin d'une succession de stades – bébé/enfant/juvénile/adolescent – plus longue que les autres primates pour permettre à la fois la maturation du cerveau et la mise en place des complexes aptitudes techniques et sociales qui font que la culture et l'esprit humains sont uniques. Par ailleurs, pendant cette période de maturation exceptionnellement longue, alors que le jeune humain est incapable de se nourrir seul et de se défendre, il vaut mieux qu'il reste petit – et donc ne mange pas trop – et d'aspect juvénile, pour que les autres aient envie de le protéger plutôt que de l'agresser. Quant à la poussée de croissance proprement dite, l'explication habituelle est qu'elle permet aux humains de rattraper le temps perdu dans toutes ces phases de développement. Pour ne pas trop retarder le début de la procréation, il faut hâter la puberté afin de produire le plus de descendants possible, c'est le but de tout organisme vivant, nous disent Darwin et la théorie de l'évolution.

De l'importance des techniques de puériculture

L'hypothèse de Bogin est un peu différente. Pour lui, c'est le pic de croissance lui-même qui est important. Il met en relation ce pic avec la belle efficacité reproductive de *Sapiens* comparée à celle des autres singes. Une efficacité forcément due à de meilleures techniques de puériculture. D'où son hypothèse, sa conviction même : l'adolescence est apparue parce qu'elle a apporté à notre espèce un grand avantage reproductif en permettant aux jeunes d'apprendre les techniques et comportements sexuels, sociaux et culturels nécessaires à la production d'enfants en bonne santé. Avant de se lancer dans la fabrication de leur propre descendance, les jeunes humains commenceraient par une sorte de stage que nous appelons adolescence. Avec une précision : comme les filles ont leur pic de croissance avant d'être fertiles et que c'est le contraire pour les garçons, l'apprentissage de ces comportements d'adultes se fait dans des conditions différentes pour les deux sexes.

Au moment de leur pic de croissance, les filles ont déjà vu leurs seins commencer à pousser, leurs règles arriveront un an après le début du pic de croissance qui a lieu vers 11 ans. Pendant quelques années, elles auront l'apparence physique de femmes, sans être fertiles puisque l'ovulation ne commence pas avant 14 ou 15 ans. Pour appuyer son argumentation, Bogin ajoute que les fausses couches et les complications de la grossesse sont deux fois plus fréquentes chez les filles de moins de 15 ans que chez les 20/25 ans (sans même parler du fait que le canal pelvien, que le bébé emprunte pendant l'accouchement, n'atteint sa taille définitive que vers 17 ou 18 ans). Cela fait donc six ans entre les premières règles et la maturité reproductive.

Grâce à cette séquence d'événements, affirme Bogin, les filles peuvent apprendre leur rôle alors qu'elles sont infertiles mais perçues comme mûres. Cela leur permet d'entrer dans le monde des adultes sans risquer d'être enceintes. Leur maturité apparente pousse les adultes à les inclure dans leurs groupes et à leur confier les soins aux enfants.

Les garçons, eux, sont dans la situation exactement inverse de celle des filles : il y a un délai entre leur maturité reproductive précoce et l'affichage tardif de cette maturité par la taille, la musculature et la pilosité.

L'intérêt de cette situation, selon Bogin, c'est qu'ils peuvent apprendre leur rôle d'adulte quand ils sont sexuellement mûrs mais pas perçus comme tels par les adultes. Les garçons, en effet, deviennent fertiles (c'est-à-dire qu'ils commencent à produire des spermatozoïdes) avant le début de leur pic de croissance, vers 13 ans et demi. Mais, quelle que soit la culture, il est très rare qu'on devienne père avant l'âge de 18 ans. Chez les Kikuyus du Kenya, même si les garçons sont sexuellement actifs dès 18 ans, ils ne sont ni mariés ni pères avant 25 ans. Aux États-Unis, seulement 4 % des nouveau-nés ont des pères de moins de 20 ans. Bref, les jeunes gens commencent à se comporter comme des hommes, alors qu'ils ont toujours l'air de petits garçons inoffensifs, ce qui leur évite d'être agressés par des rivaux plus âgés.

Le pivot de l'hypothèse de Bogin, c'est donc ce timing propre à chaque sexe de la poussée de croissance, qui permet à chacun de faire l'apprentissage de son rôle sexuel et social dans les meilleures conditions. Avec pour résultat que les premiers-nés des humains meurent bien moins souvent que ceux des singes.

Même dans les conditions les plus dures, celles où se trouvent les chasseurs-cueilleurs (comme les !Kung d'Afrique du Sud), démunis de tout, sans le moindre médecin ni le moindre appareil de monitoring à l'horizon, au moins 50 % des bébés humains atteignent l'âge adulte, contre 35 % chez les chimpanzés. Mais il faut aussi savoir que, chez les babouins, la mortalité passe de 50 % pour le premier-né à 38 % pour le deuxième et 35 % pour le troisième, en partie grâce à l'amélioration des compétences de la mère. Chez les humains, il y a moins de pertes au départ parce que la mère a acquis des compétences avant même la première naissance. Les mères primipares humaines sont physiquement, sexuellement et émotionnellement mieux préparées que les autres femelles primates. La primatologue Jane Goodall a montré qu'une femelle chimpanzé avait son premier bébé à 13 ans et devait ensuite attendre entre cinq et six ans entre deux naissances parce que chaque bébé dépend totalement d'elle. Du coup, une femelle chimpanzé a rarement plus de trois petits dans sa vie. Dans les sociétés humaines traditionnelles au contraire, les femmes donnent généralement naissance à leur premier enfant vers 19 ans et ont ensuite des grossesses tous les deux à quatre ans, notamment parce qu'il y a des adolescentes pour les aider à s'occuper des jeunes enfants.

Arrivés à ce point, le plus étonnant est peut-être la manière dont nous regardons ce pic de croissance. Nous pensions que c'était juste le moyen de fournir rapidement aux adolescents des deux sexes les 20 ou 25 cm qui leur manquaient pour atteindre leur taille adulte. Nous venons de découvrir que c'était un élément central de l'expérience adolescente et de la réussite de l'espèce humaine.

CHAPITRE 11
Où il apparaît que l'adolescent est l'avenir de l'homme

L'axolotl a des mains de lutin. Son corps est d'un rose pâle et laiteux, sauf les très belles branchies externes qui sont comme des branches de corail rose foncé. Mais, plus encore que la douceur énigmatique de son corps, c'est sa tête qui est troublante. Elle a quelque chose de radicalement extra-terrestre, ou d'aztèque (comme Julio Cortazar l'a dit dans sa nouvelle *L'Axolotl*), la bouche a le même sourire mystérieux que la Joconde (mais oui) et on a l'impression que les yeux ronds et foncés vous considèrent d'un regard tendre et curieux. Comme le dauphin, l'axolotl a quelque chose de joueur et d'inquiétant, en même temps, il semble doué de la sagesse muette des nouveau-nés.

L'axolotl, qui tient son nom du dieu aztèque Xolotl (le dieu du jeu qui a dérobé les os des morts dans les enfers et a ainsi donné naissance à l'humanité), est le têtard d'une salamandre originaire du Mexique. Un têtard obstiné : au lieu de se transformer en salamandre ordinaire et terrestre le moment venu, *Ambystoma mexicanum,* c'est son nom scientifique, reste toute sa vie dans l'eau des lacs mexicains à l'état larvaire, ce qui ne l'empêche pas de se reproduire. Les animaux qui atteignent l'âge adulte et se reproduisent alors qu'ils ont gardé des caractères juvéniles sont dits néoténiques. L'axolotl est une salamandre néoténique, tout comme l'homme est un singe néoténique.

Arrivés à ce point de votre lecture, vous vous demandez par quelle aberration de l'auteur vous vous retrouvez en train de lire une chronique d'histoire naturelle sur une salamandre albinos.

Rassurez-vous, malgré les apparences, tout va bien. On va même vous demander de rester encore quelques minutes en compagnie animale.

L'homme est un jeune singe à grand nez

Aller dans un zoo et s'installer face à l'enclos des chimpanzés (ou des gorilles ou des orangs-outans) est toujours une expérience troublante, qui ravit et dérange à la fois. Mais l'expérience n'est pas homogène : face à un singe adulte, on ressent à la fois la proximité et la distance, il faut un effort pour se mettre à sa place. Face à un jeune, on a le sentiment, peut-être trompeur, que la distance est absente : on se sent comme face à un jeune humain. La génétique nous a appris que les humains et les chimpanzés ne sont séparés que par

1,5 % de leurs gènes. C'est la néoténie, précisément, qui expliquerait qu'avec une telle proximité génétique, l'homme soit morphologiquement si différent du chimpanzé. Du chimpanzé adulte en tout cas, parce que l'homme ressemble bien plus à un chimpanzé enfant ou adolescent qu'à un chimpanzé adulte. Comme si ce qui était une étape transitoire chez le chimpanzé et les autres singes était devenu l'état final chez l'homme.

Une fois qu'on nous a désigné les caractères néoténiques de l'homme, ils paraissent tellement évidents qu'on a l'impression de les avoir toujours vus. Ils n'ont pourtant été relevés que dans les années 1920 par l'anatomiste néerlandais Louis Bolk. Il fallait sans doute que Darwin soit passé par là et que sa théorie ait un peu été digérée pour que quelqu'un s'avise sérieusement de la ressemblance frappante entre l'homme adulte et le singe juvénile. Parmi les points communs entre adultes humains et jeunes chimpanzés, Bolk avait relevé toute une série de caractères physiques, certains évidents et d'autres plus discrets : visage plat, (quasi) absence de poils sur le corps et de pigmentation de la peau, forme du pavillon de l'oreille, poids du cerveau par rapport au poids du corps, structure des mains et des pieds, persistance de l'hymen et du prépuce, absence de bourrelet osseux au-dessus des yeux, front bombé, petites dents, crâne rond, petite mâchoire, grand nez et d'autres encore qui sont moins évidents pour le commun des mortels mais qui sautent aux yeux des anatomistes.

Depuis, les biologistes sont allés y voir de plus près et ont constaté que, quand on compare l'homme au chimpanzé, on voit que toutes les phases de développement, dès le stade embryonnaire et jusqu'à la maturité sexuelle, sont allongées chez l'homme. La conséquence, c'est une période prolongée de dépendance – la survie du petit humain dépend de sa mère et d'autres adultes, il est obligé d'être en interaction proche et constante avec eux – mais aussi de développement physique et intellectuel. Pour l'Américain Stephen Jay Gould, paléontologue et brillant théoricien du darwinisme, c'est une évidence : la néoténie est le trait le plus important dans l'évolution de l'homme. C'est elle qui a ralenti le développement du cerveau après la naissance et lui a permis de se développer en relation avec l'environnement. C'est elle qui a donné à l'homme une capacité illimitée d'adaptation et d'apprentissage.

La fascination de l'homme pour l'axolotl vient-elle de ce qu'il reconnaît en lui un semblable inachevé ? Sans doute, malgré l'immense distance entre les deux. D'autant plus que l'axolotl peut se transformer en une salamandre adulte si on lui injecte un cocktail hormonal. Rien de tel chez l'homme, autant qu'on sache. On ne connaît pas, pour le moment, de potion magique ni de cocktail de gènes capable de transformer l'homme en un singe non néoténique, un post-humain qui ressemblerait vaguement à un chimpanzé de la taille d'un gorille et qu'on n'arrive pas à imaginer autrement qu'un peu belliqueux, un peu imprévisible, un peu monstrueux.

Le plus étonnant, c'est que, sans qu'on puisse réellement parler de néoténie, il y a déjà dans la nature des singes, tous les singes et pas seulement l'homme, une certaine tendance à la juvénilité si on les compare aux autres mammifères. L'anthropologue Paul Shepard remarque que « les humains vivent dans un monde si semblable qu'il leur est difficile de voir à quel point les singes sont différents des autres animaux. Pour qu'un singe s'en sorte tous les jours au milieu de vingt autres personnalités hypernerveuses dans un système semi-stable de domination/subordination, il a besoin d'intelligence, mais pas n'importe laquelle. L'intelligence des primates ne concerne pas l'outil, le langage ou la pensée, mais les autres singes. » Il constate aussi que, déjà chez les singes, la durée de l'immaturité est allongée et qu'elle leur donne une longue jeunesse durant laquelle il y a une « innocente ouverture aux autres » qui engendre moins d'agressivité et ouvre une place pour l'apprentissage. Faut-il en déduire que le singe serait déjà un mammifère néoténique et l'homme un mammifère super néoténique ? Même s'il reste juvénile plus longtemps qu'un ours ou un lion, le chimpanzé, un de nos deux plus proches cousins, a une capacité d'apprentissage qui diminue sérieusement à l'âge adulte, contrairement à l'homme chez qui elle ne disparaît jamais.

Là encore, le bonobo se distingue. Comme l'homme, il garde à l'âge adulte des traits juvéniles dans son physique (crâne rond, voix aiguë...), mais aussi dans son caractère : le bonobo a la réputation de rester curieux et joueur jusqu'à un âge avancé. Il est aussi beaucoup moins belliqueux que le chimpanzé.

Un adulte verrouillé comme un appartement new-yorkais

Pour en revenir à l'homme, ce qui est réellement intéressant, c'est que cette néoténie biologique, et en particulier la période prolongée de développement du cerveau, a une conséquence essentielle. La période d'apprentissage illimitée ? Bien plus que ça ! En fait, c'est tout le psychisme de l'homme qui est néoténique. Il garde (ou il peut garder) toute sa vie des traits de caractère juvéniles.

Ashley Montagu, un anthropologue né en 1905 à Londres et mort aux États-Unis à l'âge de 94 ans, a écrit sur la question un livre passionnant, *Growing Young*[1] (« Devenir jeune »). Pour lui, la néoténie psychique de l'homme est une évidence. Il suffit de voir la curiosité, l'ouverture d'esprit et le plaisir d'apprendre des humains adultes, d'un certain nombre d'entre eux en tout cas. En fait, dit-il, tous les traits de caractère de l'enfance sont conservés à l'âge adulte, ou ils devraient l'être. Et il énumère de manière très précise : besoin d'amour, amitié, sensibilité, besoin de penser profondément, de savoir, d'apprendre, de travailler et d'organiser,

1. Ashley Montagu, *Growing Young*, McGraw, 1981.

curiosité, capacité d'étonnement, goût du jeu, de l'expérimentation et de l'exploration, imagination, créativité, ouverture d'esprit, souplesse, capacité à récupérer, sens de l'humour, joie, rires et larmes, optimisme, honnêteté et confiance, intelligence compatissante, goût pour le chant. Goût pour la danse aussi, sur laquelle il écrit des lignes enthousiastes, la danse qui est « bien plus qu'un corps en mouvement, qui permet à la fois de libérer de l'énergie et de faire le plein d'énergie psychique, qui donne un sentiment océanique de liberté et de joie lyrique ». L'organisme et l'esprit humains, dit-il, sont conçus pour garder le sens de l'expérimentation et la souplesse de l'enfant tout au long de la vie. Même si, étrangement, au cours de l'histoire, l'homme s'est très souvent précipité vers la maturité, que Montagu appelle « psychosclérose », comme s'il n'avait rien eu de plus urgent que de se débarrasser de sa spontanéité et de son sens de l'émerveillement, pour acquérir les contraignantes caractéristiques de la maturité. La définition ordinaire de la maturité, dit-il, c'est une personnalité verrouillée, comme un appartement new-yorkais, avec triple serrure et grillage de sécurité aux fenêtres, parce que évoluer et apprendre rend les gens anxieux, personne n'a envie de changer tous les jours. Cela dit, certaines époques sont plus anxieuses que d'autres : dans l'Angleterre victorienne, remarque cet homme né à Londres au tout début du XXe siècle, le but de la vie était de trouver sa personnalité une fois pour toutes et de s'y tenir. Notre époque est différente.

Est-ce à dire que des adultes, mûrs ou vieux, qui n'ont plus ni curiosité ni envie d'apprendre seraient plus proches des singes ? Quand on y pense, parfois, l'adulte collé devant sa télé avec cacahuètes et canette de bière, ou celui qui fait tous les jours la même chose, a quelque chose du babouin dans sa cage. Mais en fait, même les plus vieux des humains (certains d'entre eux en tout cas, notamment ceux qu'on appelle créateurs ou artistes) gardent en partie cette plasticité du comportement et cette envie d'apprendre. Le philosophe italien Giorgio Agamben qui, comme beaucoup de monde, a été fasciné par l'axolotl et lui a même consacré un texte [1], pense que c'est vrai de chacun de nous. « Quelque part en nous-même, l'inattentif enfant néoténique continue son jeu royal. Et c'est ce jeu qui nous donne du temps, qui maintient ouverte pour nous cette non-latence indépassable, que les peuples et les langues de la terre, chacun à sa façon, ont le souci de conserver et de différer – de conserver seulement dans la mesure où ils la diffèrent. »

Pour Ashley Montagu, l'essentiel du vieillissement est le résultat d'un conditionnement plutôt que de limitations réelles, la plupart des adultes sont des enfants abîmés, et le génie est celui qui est capable de retrouver son enfance à volonté. En le lisant, on ne peut s'empêcher de penser à ce qu'Albert Einstein, le plus célèbre et le plus emblématique de nos génies, a dit de lui-même.

1. Giorgio Agamben, « Idée de l'enfance », dans *Idée de la prose*, Christian Bourgois, 1998.

Einstein, on le sait, a eu un développement assez inhabituel, il n'a pas parlé avant l'âge de 4 ans. Dans un texte autobiographique, il écrit : « Je me demande parfois... comment il se fait que ce soit moi qui aie développé la théorie de la relativité. La raison, je pense, c'est qu'un adulte normal ne prend jamais le temps de réfléchir aux problèmes de l'espace et du temps. Ce sont des choses auxquelles il a pensé quand il était enfant. Mais mon développement intellectuel a été retardé, en conséquence de quoi j'ai commencé à m'interroger sur l'espace et le temps quand j'avais déjà grandi. » Comme si Einstein était un homme un peu plus néoténique que les autres. Et comme si le génie c'était ça : une « supernéoténie ».

1,5 milliard de jeunes entre 10 et 25 ans

Voilà qui nous ramène, après un long détour, à l'adolescence. Que l'homme soit biologiquement et psychiquement un singe néoténique, un singe éternellement adolescent, est vrai partout et tout le temps – dans l'Égypte des pharaons, la Chine des Ming comme dans l'URSS des années 1940 –, cela fait partie de sa nature. Mais il y a dans le monde tel qu'il est aujourd'hui des caractéristiques qui accentuent encore cette tendance. Dans les pays du Nord, les pays industrialisés, l'adolescence qui durait deux à quatre ans est passée, on l'a vu, à une durée de huit à quinze ans. La durée moyenne de l'adolescence a été multipliée par cinq... et le nombre d'adolescents aussi. Dans les sociétés industrialisées vieillissantes, il y a beaucoup moins d'enfants et d'adolescents que dans les pays en voie de développement, mais l'adolescence y dure plus longtemps. Dans les pays du Sud, le nombre d'enfants et d'adolescents est très élevé. 20 % des 6,5 milliards d'hommes qui habitent la Terre ont entre 10 et 19 ans et 90 % d'entre eux vivent dans les pays en voie de développement. En fait, la Terre compte 1,5 milliard de jeunes entre 10 et 25 ans. En additionnant le Nord et le Sud, on voit qu'on a un poids démographique des adolescents absolument unique dans l'histoire de l'humanité. Mais la place de l'adolescence est encore bien plus importante que ne l'annonce le nombre d'adolescents. Dans les pays industrialisés, en même temps que l'allongement de l'adolescence s'est produit un autre phénomène massif : l'accroissement du nombre d'adultes qui aspirent à être adolescents, et qui le sont d'une manière ou d'une autre. Depuis quand ? Difficile à dater. Tout ce qu'on peut dire, c'est que le mot « teenager » a été inventé aux États-Unis en 1944, et le concept aussi. Leur succès a dépassé toutes les attentes. Dans son livre, *Teenage : the Creation of Youth*[1], le journaliste anglais Jon Savage raconte que c'est encore la même année, 1944, qu'a été lancé le magazine *Seventeen* (« Votre magazine, lycéennes d'Amérique, tout à vous ! » « Il s'intéresse seulement à vous et à ce qui vous concerne, vous excite

1. Jon Savage, *Teenage : the Creation of Youth*, Pimlico, 2008.

ou vous plaît ! »), avec des sujets sur Frank Sinatra, des ragots sur les people d'Hollywood et des articles intitulés « Est-ce que les parents grandiront un jour ? » Un demi-siècle plus tard, le monde entier est rempli de groupies passionnées par les people, et plus personne ne risque de grandir, les parents moins que personne, a remarqué un autre journaliste anglais.

Dans nos sociétés industrialisées, et les autres sont sans aucun doute menacées de contamination, la culture adulte dominante est une culture de teenagers. Les adolescents du début du XXIe siècle ont des parents qui rentrent à la maison avec un iPod, le maillot de l'OM ou un CD d'Oasis et qui fument des pétards sur le balcon, des parents qui appartiennent à une génération qui s'obstine à rester adolescente. Les garçons et les filles du début du XXIe siècle arrivent après au moins deux générations de culture adolescente. Avec un peu de chance, ou de malchance, leur grand-père a été hippy et junkie (comme dans le film *Little Miss Sunshine*), leur père rocker et leur mère baba cool. Pas sûr que ce soit une bonne nouvelle pour les jeunes générations, mais si une bonne partie des adultes a adopté les vêtements, la gestuelle, le langage, les loisirs, les goûts et même, plus profondément, le rythme de vie des adolescents, c'est qu'il a dû se passer quelque chose dans la société.

La valeur du vieux a beaucoup baissé

Cette floraison adultes adolescents est en partie une conséquence de la prolongation objective de la jeunesse (au sens de vigueur et de fraîcheur physiques) et de la vie, prolongation qui, à son tour, accrédite le sentiment que la jeunesse est un choix et un droit, dont on a bien l'intention de profiter au maximum. La diffusion de l'adulte adolescent est aussi liée au fait que c'est la jeunesse et plus la maturité qui est une valeur positive. Pendant très longtemps, dans notre culture, et c'est sans doute encore le cas pour les quelques rares cultures qui subsistent dans des jungles inaccessibles, le vieux était respecté, voire vénéré. Cette vénération était sans aucun doute un effet de marché : la rareté crée la valeur. Le vieux était rare donc le vieux valait beaucoup : le vieux qui atteignait un âge avancé en bon état était un phénomène admirable, un miracle vivant. Les enfants, qui naissaient nombreux, étaient élevés sans précautions excessives et leur rôle essentiel était de respecter leurs parents et de vénérer leurs aïeux. Aujourd'hui, c'est exactement le contraire. Avec les progrès des conditions de vie et de la médecine, les vieux sont devenus pléthoriques alors que, dans le même temps, les enfants se sont faits rares à cause du contrôle des naissances. Plus la démographie est faible, comme en Italie du Nord ou en Chine, et plus l'enfant est adulé : son éducation et son bien-être sont observés à la loupe, il est chéri et soigné comme une fleur de serre. Conséquence ? Jusque dans les années 1940 ou 1950 en France, les jeunes n'avaient qu'un seul but : devenir vieux, ou en tout cas devenir adultes, c'était tellement important, et urgent, d'être sérieux, mûr et responsable. Il suffit de regarder des photos en noir et blanc pour voir des garçons de 18 ou 20 ans tellement fiers de pouvoir enfin s'habiller en hommes, avec costumes, chapeaux, écharpes et moustaches, arborant l'air grave et compassé qui convenait à cette nouvelle dignité. Les filles, en tailleurs et talons hauts, avec colliers de perles, gants et coiffures laquées, arborent l'air respectable et guindé adapté à la situation. Aujourd'hui, c'est exactement le contraire. On a des quinquagénaires (voire des parents de quinquagénaires) déguisés en teenagers avec jeans, baskets, rollers, blousons à capuche et iPod incrustés dans les oreilles, affichant légèreté et dynamisme de manière ostentatoire. Le constat est connu, banal même : avant, on espérait devenir vieux, aujourd'hui, on espère rester jeune. Mais, comme on l'aura remarqué, ce n'est pas exactement symétrique. On pouvait être sûr que le premier souhait se réaliserait tôt ou tard, ce qui permettait d'espérer. On peut être sûr que le deuxième ne se réalisera pas, ce qui permet de s'angoisser.

Désormais donc, la société tend vers le jeune comme valeur ultime. C'est futile ? léger ? regrettable ? Pas si simple. D'abord, comme le remarque le sociologue Gilles Lipovestsky, cette infantilisation apparente va avec un poids croissant des responsabilités. Les adultes en trottinette et les trentenaires qui regardent *Casimir* sont aussi des individus qui ont une conscience de plus en plus grande du poids de leurs responsabilités. On pourrait ajouter : ils ont aussi un sentiment de plus en plus contraignant de ce qu'ils doivent à leurs enfants, ou de ce que leurs enfants sont en droit de recevoir. Avant, les enfants avaient des devoirs vis-à-vis de leurs parents qui avaient tous les droits. Aujourd'hui, les enfants n'ont que des droits, sinon tous les droits, et ce sont les parents qui ont des devoirs vis-à-vis d'eux. L'expression « piété filiale » semble ne pas avoir été prononcée depuis plusieurs siècles et (pour le meilleur ou pour le pire) elle n'a plus aucun sens dans la société où nous vivons. Nous nous retrouvons dans des sociétés adolescentisées, où la jeunesse est l'horizon de la vie et où l'adolescent est l'avenir de l'homme. Cela concerne d'abord les sociétés industrielles, mais c'est en train de se répandre dans le monde entier, avec l'ensemble du package finalement assez convoité des valeurs occidentales.

Mais ce qui est vraiment intéressant, c'est la rencontre entre cette évolution sociologique et la néoténie humaine. Dans toutes les sociétés qui nous ont précédés, et en partie encore dans celles qui nous entourent, on l'a dit, la maturité et la sagesse étaient des valeurs positives. Aujourd'hui, c'est l'inverse, les valeurs positives sont la jeunesse et l'immaturité. Et leur emblème est le génial Einstein tirant la langue comme un enfant espiègle. Autrefois, on rêvait d'appartenir à la génération de ses parents, maintenant, on rêve d'appartenir à celle de ses enfants. D'une certaine manière, on n'attend plus rien des pères, en tout cas plus la même chose, ce qui nous ramène à Paul Shepard qui voit notre société confrontée à un problème de transmission. Pour lui, si l'adolescence n'est pas guidée par des adultes, « les individus vieillissent sans pont vers la maturité, soit dérivant sans convictions et émotionnellement incompétents, soit fixés sur une idéologie... et la société est envahie de ces vieux adolescents qui haïssent profondément la nature et l'humanité pour les avoir rendus moins qu'humains ».

On n'est pas obligé d'avoir une vision aussi pessimiste. On peut au contraire penser que ce tropisme adolescent est une chance et se dire, comme l'écrivain américain Tom Robins, que l'humanité a avancé « non pas parce qu'elle a été sérieuse, responsable et prudente, mais parce qu'elle a été joueuse, rebelle et immature ». On peut aussi se dire comme Bruce Charlton, de l'université de Newcastle en Grande-Bretagne, que si le milieu du XXe siècle a vu apparaître le « petit génie », c'est probablement parce qu'une personnalité caractérisée par une juvénilité prolongée est « avantageuse dans la vie... En termes psychiques, certains individus contemporains ne deviennent jamais réellement adultes [1]. » Lui aussi pense qu'une flexibilité enfantine est probablement « adaptative » dans une société où les gens ont en permanence besoin d'apprendre de

1. Bruce Charlton, « L'essor du petit génie : néoténie psychologique, science et vie moderne », paru dans la revue *Medical Hypotheses*, 2006.

nouveaux savoir-faire, d'aller dans de nouveaux endroits et de se faire de nouveaux amis. « Il semble que cette adaptation soit obtenue en repoussant la maturation cognitive, un processus qu'on pourrait appeler néoténie psychique. » Dans la mesure où les cultures modernes favorisent la flexibilité cognitive, les gens immatures ont tendance à prospérer et ils donnent le ton de l'époque, « le plus grand compliment qu'on puisse faire à une personne âgée est de lui dire qu'elle est restée jeune ». Bien sûr, les défauts de la jeunesse sont conservés aussi bien que ses vertus : temps d'attention très bref, recherche de sensation et de nouveauté, cycles courts de modes arbitraires et superficialité culturelle mais, quoi qu'il en soit, « avec l'amélioration de la santé et des technologies cosmétiques, l'homme futur pourrait devenir une sorte d'axolotl ».

CONCLUSION

Voilà. Vous pensiez avoir sous les yeux un grand enfant maladroit et grincheux tentant péniblement de devenir adulte en utilisant les codes et les modalités de sa culture, de son époque et de sa bande de potes. En fait, vous l'avez découvert au fil de ces pages, vous assistez au spectacle de l'Évolution en action. C'est le programme humain en train de se réaliser, c'est Homo Sapiens qui entre sur la scène de la vie. Malgré les apparences, chaque bâillement de l'adolescent, chaque grognement qu'il émet, chaque verre qu'il renverse de ses mains malhabiles, a autant de beauté, de noblesse et de sens que la danse de l'abeille ou la course du lion dans la savane.

Sérieusement... toutes ces manifestations ont un sens. L'adolescent est un être humain à l'apogée de sa curiosité, de sa sensibilité et de sa capacité d'expérimentation. Et l'adolescence est une période qui a une nécessité et une logique. Elle a été inventée pour nous permettre d'accueillir le monde, en attendant que le monde nous accueille.

Petite bibliographie
(non exhaustive)

Barry BOGIN, *Patterns of Human Growth*, Cambridge University Press, 1988.

Boris CYRULNIK, *Autobiographie d'un épouvantail*, Odile Jacob, 2008.

Cris FRITH, *Making up the Mind. How the Brain Creates our Mental World*, Blackwel, 2007.

David LE BRETON, *Signes d'identité*, Métailié, 2002.

Ashley MONTAGU, *Growing Young*, McGraw Hill, 1981.

Robert MUCHEMBLED, *Une histoire de la violence*, Seuil, 2008.

Steven PINKER, *Comment fonctionne l'esprit*, Odile Jacob, 2000.

–, *Comprendre la nature humaine*, Odile Jacob, 2005.

Jean-Didier VINCENT, *Voyage extraordinaire au centre du cerveau*, Odile Jacob, 2007.

Lucy VINCENT, *Comment devient-on amoureux ?*, Odile Jacob, 2006.

–, *Petits arrangements avec l'amour*, Odile Jacob, 2008.

–, *Où est passé l'amour ?*, Odile Jacob, 2008.

Frans DE WAAL, *Le Singe en nous*, Fayard, 2005.

Remerciements

Riad Sattouf, pour avoir accepté de faire la couverture, alors qu'il avait d'autres chats à fouetter ; Lionel Naccache, pour son regard de neurobiologiste et sa lecture critique particulièrement stimulante (les erreurs qui resteraient sont de mon fait) ; Michel de Pracontal, pour ses encouragements dès le début et jusque dans la dernière ligne droite ; Cris Frith, Simon Baron-Cohen, Tomas Paus et Barry Bogin, pour m'avoir envoyé leurs derniers articles ; Sarah-Jayne Blakemore, pour avoir discuté de ses travaux sur l'empathie avec moi ; Charles Bernet et Frans de Waal, pour avoir dialogué par mail sur le langage pour le premier, sur les bonobos pour le second ; Samuel Bitoun, pour m'avoir fait partager son expertise de la culture adolescente et m'avoir évité quelques occasions de me ridiculiser (les erreurs qui resteraient sont de mon fait).